20世纪西方文化三大发现系列之一

彼得原理

莫让员工溃败在晋级的天梯上

陈立之◎著

THE PETER PRINCIPLE

台海出版社

图书在版编目（CIP）数据

彼得原理 / 陈立之著. -- 北京：台海出版社，
2018.12

ISBN 978-7-5168-2190-9

Ⅰ.①彼… Ⅱ.①陈… Ⅲ.①管理学—通俗读物

Ⅳ.①C93-49

中国版本图书馆CIP数据核字(2018)第268954号

彼得原理

著　　者：陈立之

责任编辑：武　波　童媛媛　　　　装帧设计：李爱雪

版式设计：尹清悦　　　　　　　　责任印制：蔡　旭

出版发行：台海出版社

地　　址：北京市东城区景山东街20号　邮政编码：100009

电　　话：010-64041652（发行，邮购）

传　　真：010-84045799（总编室）

网　　址：www.taimeng.org.cn/thcbs/default.htm

E - mail：thcbs@126.com

经　　销：全国各地新华书店

印　　刷：北京柯蓝博泰印务有限公司

本书如有破损、缺页、装订错误，请与本社联系调换

开　　本：880mm×1280mm　　　　1/32

字　　数：120千字　　　　　　　印　张：6.5

版　　次：2019年1月第1版　　　印　次：2019年1月第1次印刷

书　　号：ISBN 978-7-5168-2190-9

定　　价：32.00元

版权所有　　翻印必究

20世纪西方文化三大发现

20世纪是一个经济飞速发展、科技不断进步、思想文化跃升的时代，人类在各个领域获得了前所未有的突破性进展，探索范围之广袤，发现真相之幽微，发明成果之丰盛，远非以前任何一个时代所能比拟。

那么，在文化领域中能够称得上世纪性的大发现是什么呢？是深埋于地下的远古文明的重见天日？是始终难见"庐山真面目"的外星人在地球上留下的神秘印迹？是突然间跳出来的某门高深莫测、天马行空、玄而又玄的奇谈玄学？

答案出乎你想象！它们既不是什么远古文明，也不是外星文明，更不是什么神奇玄学，而是几个"貌不惊人"、看似平常不过却又威力巨大的定律、原理。

它们就是墨菲定律、帕金森定律和彼得原理，三者并称为"20世纪西方文化三大发现"。

墨菲定律指出：会出错的，终将会出错。墨菲定律触及了每个人人性深处存在的隐痛，第一次将人们不愿意面对的事实曝光于大众之下。它忠告人们：面对人类的自身缺陷，我们最好还是想得更周到、全面一些，采取多种预防和保险措施，防止偶然发生的人为失误导致的灾难和损失。归根到底，"错误"与我们一样，都是这个世界的一部分，狂妄自大只会使我们自讨苦吃，畏惧失误让我们无法突破自我、获得新生，我们必须学会如何接受错误，并不断从中学习成功的经验。

帕金森定律告诉我们这样一个道理：不称职的行政官员一旦占据领导岗位，庞杂的机构和过多的冗员便不可避免，庸人占据着高位的现象也不可避免，整个行政管理系统就会形成恶性膨胀，陷入难以自拔的泥潭。帕金森定律是对官僚机构流弊的辛辣针砭，在人类历史上，它对由于行政权力扩张引发人浮于事、效率低下的"官场传染病"作了第一次大胆的、无情的揭露和抨击。帕金森定律是官僚主义或官僚主义现象的一种别称，常常被人们转载传诵，用来解释形形色色的"官场病"。

彼得原理揭示了长久以来存在于组织中被人们所漠视的人员任用的陷阱，发掘出了组织中管理混乱、"庸人当道"、人浮于事的深层根源。彼得原理警示我们：将一名员工晋升到一个无法很好发挥才能的岗位，不仅不是对本人的奖励，反而使其无法很好发挥才能，也给组织带来损失。彼得对彼得原理的诠释，成为20世纪以来最具洞察力的社会、心理领域的创见。

墨菲定律、帕金森定律和彼得原理的发现和提出，在人类历史上具有开创性的意义，是人类文化史上的三座突兀醒目的里程碑。它们或是揭示了人们思想认识上的盲区，为人们战胜自己、战胜挫败指明了路径，或是点破了东西方各界、各行、各级行政组织和企业治理中沿袭已久、根深蒂固的效率低下的弊病，为组织医治人事顽症、革新工作局面开出了秘方。如今，三大定律经过人们的发扬光大，正越来越显示着其强大的效力，成千上万的人们借助它们改变了自己的命运，不可胜计的组织和公司应用它们走出了困境，焕发了活力，呈现欣欣向荣的辉煌景象。

三大定律是发现者们献给20世纪的三份厚礼，对于当时和现下都具有重要的警示、借鉴和指导意义。重新认识和了解这三大定律不仅是时代的需要，也是个人走向成功的必修课。鉴于此，我们组织专门人员广采博集、详尽考证、精心撰写，同时结合现实和时代发展趋势，将每个定律编撰成书，系统、全面解读了每一定律及与其息息相关的其他定律的内涵、现实指导意义及运用方法。本套丛书内容丰富，解读精辟，观点新颖，是读懂三大定律的理想读本。

此次我们将这三大定律合集，冠名"20世纪西方文化三大发现系列"出版，期望能给广大读者认识、了解、掌握、应用它们提供一把方便入门的钥匙，由此登堂入室，领悟三大定律的真谛，从而有所体会，有所收获，借此澄清思想和认识上的误区，突破生活、人际、学习、工作、事业等方面的困境，为人生注入新鲜的血液和强劲的动力，开创崭新广阔的人生新格局！

解开层级组织不胜任之谜的钥匙

　　管理学家劳伦斯·彼得1917年生于加拿大范库弗，1957年获美国华盛顿州立大学学士学位，后又获得该校教育哲学博士学位。他阅历丰富，博学多才，著述颇丰，他的名字还被收入了《美国名人榜》、《美国科学界名人录》和《国际名人传记辞典》等辞书中。

　　彼得博士在长期的教学实践中，一直关注组织和公司中人员的任用及团体效率的问题。他对组织中人员晋升的相关现象进行了系统、深入、透彻的研究，在对千百个有关组织中不能胜任的失败实例进行分析和归纳后，提出了著名的彼得原理。

　　彼得指出：在一个等级制度中，每个职工趋向于上升到他所不能胜任的地位。每一个职工由于在原有职位上工作成绩表现好（胜任），就将被提升到更高一级职位；其后，如果继续胜任则将进一步被提升，直至到达他所不能胜任的职位。彼得由此导出的推论是，每一个职位最终都将被一个不能胜任其工作的职工所占据。层级组织的工作任务多半是由尚未达到不胜任阶层的员工完成的。

由于彼得原理的推出，使他无意间创设了一门崭新的科学——层级组织学。该科学是解开所有阶层制度之谜的钥匙，因此也是了解整个文明结构的关键所在。凡是置身于商业、工业、政治、行政、军事、宗教、教育各界的每个人都和层级组织息息相关，都受彼得原理的控制。彼得原理被认为是同帕金森定律有联系的。

彼得原理首次揭开了层级组织和公司中人员任用的弊端和由此引发的一系列的隐患。由此可以解释：组织机构为什么效率不高？为什么做领导的不做事，做具体事情的又不是领导？为什么组织中总是存在人浮于事、效率低下的通病？等等。

一石激起千层浪，彼得原理一经提出，在社会各界引发了强烈反响，各界人士纷纷给予高度评价。那么，彼得原理给我们怎样的启示呢？正如美国克莱斯勒汽车公司前总裁艾柯卡所指出的："彼得原理针对两个问题，一是如何才能避免'晋升极限并发症'；二是身为经理级主管，如何才能知人善任。"

身为领导者，要转换用人思路，改变单纯的"根据贡献或者资历决定晋升"的员工任用机制，要建立科学、合理的人员选聘机制，客观评价每一位职工的能力和水平，将他们安排到其可以胜任的岗位。同时要打通员工的晋升通道，让员工"条条大路通罗马"，而不是"千军万马过独木桥"。

本书以翔实的资料、严谨的论述、犀利的观点对彼得原理进行了系统深入的解读，同时对彼得原理的各种变体、衍生定律以及与彼得原理有内在联系的其他重要定律、法则等也予以收录并进行解析和点评。通过阅读本书，广大读者特别是管理者们不仅能够加深对彼得原理的认识，而且可以学到一门深刻实用的学问，以此指导自己的工作、事业和生活，让自己的事业和人生迈上更高的台阶。

本书为在不胜任职位上迷茫烦恼的人们开出了获得快乐的处方，为滞留在层级组织底层郁郁不得志的人们指点了顺利晋升的捷径，为高层管理者提供了知人善任、用好人才、管好人才、突破管理瓶颈、大幅提升效率的方法和途径。

彼得原理是一面镜子，不仅照出了组织和公司治理中的阴影，也照出了我们自身的不足，让管理者茅塞顿开，打开管理的通道，让普通员工心明眼亮，迈入职场的快车道。

感谢彼得博士的厚礼，向彼得博士致敬！

目 录
Contents

彼得原理

第1章

彼得原理：莫让员工溃败在晋级的天梯上

美国管理学家劳伦斯·彼得指出：在现代层级组织中，每一个职位最终都将被一个不能胜任其工作的员工所占据。这就是管理学上的彼得原理。

彼得高地——爬不完的晋升梯子

现代的层级组织制度，总是从下面来补充因晋升、辞职、退休、解雇等带来的空缺。人们一直把层级组织中的晋升看作是"攀登成功之梯"或"爬上权力之梯"。

层级组织通常被比喻为梯子，因为梯子和层级组织确有一些共同的特点。例如，梯子是让人向上爬的，而且阶梯越高，危险越大。

一个收入固定的人，平时能合理地掌握他的钱财。可一旦当他继承了一笔巨额财产后，他的理财能力就会变得无法胜任。

在政府层级组织中，一个称职的随从晋升为领导时，也会突然不称职。

称职的技术员当被提升为副总裁时，也可能会变成一个不称职的管理者。

以上各类晋升之所以变成不胜任，是因为它需要被提升者具备他以前所在职位所不需要的新能力。

一个一向负责质量工作的雇员，可能会被提升到一个他比较胜任的督监之职。然后，他或许还能升任管理方面的领导，虽然干起来有点吃力，但是他努力工作，如果层级组织的其他条件有利的话，他还可能达到一种不称职状态——做个部门经理，这可能是他所能爬上的最高一层阶梯了。

这时，他需要花费大量的时间去做日常工作。如果有一群称职能干的下属的支持和帮助，他还可以勉强完成工作。

由于他看起来还算称职，加上领导者的威望，他也许会进一步得到晋升，即升任总经理——他现在已经达到了最大不称职状态。

作为一名总经理，他的主要责任是做与公司目标和政策紧密相关的决策，从负责质量工作到应付长远的目标和更抽象的观念，他越来越感到力所难及，这不仅给公司带来损失，而且也给他个人造成很大的伤害。

世界上每一个职位，都可能碰到无法胜任的人。或许，这个职员还在胜任或者勉强胜任状态，而他的上级已经濒临无法胜任。可以想见的是，如果他干得不错，终究会上升到所在的位子。就算他比上级略胜一筹，再往上升，最终，他也将在上一级或者再上一级职位上勉力为之，最终把工作搞得一塌糊涂。

很多人就这样在"爬不完的晋升梯子"上不断觊觎上一级职位，得到它，然后继续攀爬，希图登上职业中的"彼得高地"，从而成为彼得原理的现实注脚。

彼得螺旋——为何越来越多的人不胜任

不胜任问题有没有更深刻、更普遍的理论渊源？彼得在他的书中列举了一些格言与诗句对此加以说明。如英国诗人波普的长诗《论人》有这么一句诗：

会怎样呢？他想越飞越高，
但却无力达到真正的完善。

这句诗很好地描述了人类的心态，他们倾向于对自己胜任的职位不满意，因为他们已经成功了，需要进一步的挑战，总想升到一个更高的层次。所以，人们会不断努力。这些不断攀登的人无法确认自己到底能达到什么水平，只有等到不胜任发生了，才能知道自己到头了。更悲哀的是，当不胜任出现后，依然有许多人不服气，认为是自己努力不够，或者运气不好，或者是有什么妨碍了自己的发挥，他还要绞尽脑汁来战胜自己的不胜任。

人性中有一个悖论：人的潜能是无穷的，可以称之为人的自由或可能性，这是人类的伟大之处。同时，人处处受到限制与束缚，即人的不自由或不可能性，所以，人类也是渺小的。

人就是一个自由与不自由的结合体。

问题在于，人能区分清楚自由与不自由的界限吗？人能发挥自由的极致，又止步于不自由之前吗？西方神话中的西西弗斯每天把巨石推上山去，快到山顶时巨石会滚下来，他又推上去，周而复始，循环不已。很明显，用彼得原理来看，西西弗斯是不胜任者，但是我们能不能肯定地说"西西弗斯注定是个失败者"？

孟子说过：人皆可以为尧舜。尧舜是儒家的理想人格化身，现实中又有谁能自称已经成为尧舜呢？而当我们没有成为尧舜时，又可不可以稍微地更接近他们呢？正是这种矛盾，可以看到彼得原理的真正根源。

在一个等级制组织里，员工总会向更高的目标进发，希望晋升到更高的职位，因为更高的职位意味着更多的权力、声望和报酬，这是员工的一般心态。然而，或长或短的成功链条之尾就是不成功，员工总会达到晋升的极限，止步于此。所以，彼得声称他的发现是所有社会科学的基础，不能说一点道理都没有。

层级组织的制度设计，正是要用职位的递升来调动员工的积极性，使员工产生活力与信心。但是，人的能量是有限的，在层级组织中出现不胜任者是必然的。这样，组织就会形成"彼得螺旋"，即在出现不胜任者的情况下，增加新员工，以保持胜任者的比例，随着时间的推移，又会造成更多的不胜任者。

不得不提的是，彼得认为不胜任员工并不是故意不称职的。他们也想好好表现自己的能力，提高组织的效率，维持组织的存在与发展，不称职是等级制组织造成的身不由己。

大多数员工想要工作，甚至有很强的积极性，他们也会为自身的不胜任而苦恼，因成绩不佳而沮丧。组织之所以产生问题，不是因为这些员工懒惰，而是因为他们不胜任。

莫让员工溃败在晋级的天梯上

在现实的管理中，我们总能发现这样的现象：某员工在低一级职位上干得很好，组织就会将其提升到较高一级的职位上来。结果本来可以在低一级职位施展才华的人，却不得不处在一个自己所不能胜任、但是级别却较高的职位上，并且要在这个职位上一直耗到退休。这种状况就是典型的彼得原理的体现，这对于员工和组织双方来说，都没有好处。

下面是彼得博士的研究资料中的一个典型案例：

杰克在汽车维修公司是一名热忱又聪明的学徒，不久他被聘为正式的机械师。

在这个职位上，他表现杰出，不但能诊断汽车的疑难杂病，还能不厌其烦地加以修复，于是他又被提升为该维修厂的领班。

然而，在担任领班之后，他原先对机械的热爱和追求完美的性格反而成为他的缺点。因为不管维修厂的业务多么忙碌，他还是会承揽任何他觉得有趣的工作。

他总是说："我们总得把事情做好嘛！"而他一旦工作起来，干不到完全满意绝不轻易罢手。他事事干预，极少坐在他的办公室。他常常亲自动手修理拆卸下来的引擎，而让原本从事那件工作的人呆站在一旁，并且不会给其他工人指派新的任务。结果维修厂里总是堆着做不完的工作，总是一团糟，交货时间也经常延误。杰克完全不了解，一般顾客并不在乎车子是否修得尽善尽美——他们只希望能如期取回车子。杰克也不了解，大部分工人对薪资比对引擎的兴趣要浓厚。

因此，杰克对他的顾客和部属都不能应付得宜。从前他是一位能干的机械师，现在却成为不胜任的领班了。

像杰克这样被提拔，许多领导者都认为是天经地义的，是对员工工作表现的一种肯定。因为大多数公司一直把工资、奖金、头衔、提拔跟员工的表现和职业阶层挂钩，所处的阶层越高，工资就越高，额外津贴就越丰厚，头衔也越多。虽然这种出发点是好的，但结果却是把每个员工都引领到十分尴尬的境地。

对于一个员工来说，他的表现是否优秀，往往是相对于他的职位而言的。过高的晋升，只会让他从优秀走向不优秀，甚至是艰难。

明智的领导者，一定要懂得把下属安排到一个合适的位

置，安排到一个能让他们发挥出优秀水平的位置，而不是通过一味提拔奖励，让他们最终迷失，甚至颓废在无尽的晋升阶梯中。

有节制、有理性、有原则地升迁员工

组织往往倾向于根据雇员目前的工作成绩，直接将雇员提升到更高级的职位，而忽视了对雇员进行相关考核和培训。

事实上，雇员目前的工作成绩与更高级的职位并无必然的关系，一名出色的技术骨干不一定适合做技术主管，一名优秀的销售主管不一定适合做销售经理。其实更高级的职位需要的是更大的胆识、更强的能力、更高的素质，而不是依据雇员在目前的岗位上做得有多么好。

只不过任何理论都具有两面性，员工提升为组长依然称职、组长提升为主管依然称职的案例也有很多，因此不是说提拔人才不好，而是说提拔人才要有相关的机制，要进行考核与培训。考核与培训都是非常严肃的事情，需要高度重视和认真对待，否则便会流于形式，失去应有的意义。当提拔人才没有约束的时候，组织中不称职的雇员就会越来越多，从而导致机构臃肿、人浮于事、效率低下。

拿破仑说："不想当将军的士兵不是好士兵。"但是能当将军的士兵毕竟是凤毛麟角，大多数士兵只能将连长、营长或团长当作自己的目标。层级组织也是如此，人人都想往上爬并不是什么好事，因为这样会带来纷争、内耗和一系列的负面影响。高效的组织需要每位雇员都能胜任自己的工作，需要有节制、有理性、有原则地升迁。

换个角度讲，雇员期望得到晋升通常只是为了获取更多的薪水或权力，而不会想自己能否承担更重的职责，更不会花时间、花金钱、花力气来提升自己的水平。很多雇员都会一厢情愿地认为自己能做好助理的事，同样也能做好经理的事，这是站不住脚的主观臆断。

彼得原理告诉我们，为了尽可能避免雇员晋升到不称职的位置，组织应当少使用升职加薪，多使用原职加薪，同时采取带薪休假、发放奖金等多种方式来激励雇员。

这就要求组织设置明晰的结构体系和灵活的薪酬体系，如果已被证明是优秀组长的薪水高过未被证明是优秀主管的薪水，雇员就不会盲目地追求升职，这样就能减少不称职现象的发生。

晋升员工要重潜力而非业绩

如果简单地将企业的人分成两类，那么将存在两类人：

第一类是，能胜任现在的工作，但基本已"定型"，不具备自我提升的素质，永远只能做好现职工作，再向上升一级就是错误。

第二类是，不但能胜任现在的工作，也具备自我学习、自我总结、自我提高的素质和能力，能不断提高自己的能力，从而胜任所有的职位。

由此可见，企业的用人之道可简单地概括为发现并培养第二种人。由此推导的结论是，必须充分认识到人力资源管理的重要性，并有效运作，发现（包括招聘和在企业内部发展）并培养企业每一个职位的接班人，在人力资源上形成可持续发展的潜力。

晋升是将一名员工从前任职位调到需要负责更多职能、担负更大责任的职位上去。一般，随之而来的是更高的地位和更多的工资。晋升的动因可能是对过去工作表现突出的报偿，也可能是企业为了更好地使用个人的才能和能力。

尽管我们必须重视员工成长可能性并通过提供更大的发展空间等手段来激发他们的潜能，但是提拔员工还是要慎重考虑。因为常常会出现这样的情况：

某员工被提拔到较高的职位后，由于他不具备与该职位相匹配的能力而无法胜任这一职位的工作。而不胜任的员工占据了较高的职位后，反而会阻塞了可能胜任者的提升途径，其危害之大可见一斑。

那么，如何有效解决这一问题呢？可采取以下三个措施：

第一，晋升的标准更需要重视潜力而不仅仅是绩效。应当以能否胜任未来的岗位为标准，而非仅仅依据在现在岗位上是否出色。

第二，能上能下绝不能只是一句空话，要在企业中真正形成这样的良性机制。一个不胜任经理的人，也许是一个很好的主管，只有通过这种机制找到每个人最胜任的角色，挖掘出每个人的最大潜力，企业才能"人尽其才"。

第三，为了慎重地考察一个人能否胜任更高的职位，最好采用临时性和非正式性"提拔"的方法来观察他的能力和表现，以尽量避免降职所带来的负面影响。如设立经理助理的职位，在委员会或项目小组这类组织中赋予更大的职责，特殊情况下先让他担任代理职位，等等。

总之，提拔员工一定要着眼于潜力，重视人与岗的匹配，目前的成绩并不能作为晋升的理由，而要看到他是否能在更高的层次上发挥能力。

转换用人思路，打通晋升通道

管理者要转换用人思路，客观评价每一个人的能力和水平，将一个人安排到可以胜任的岗位，而不是"根据贡献或者资历决定晋升"，不能因某人在某个岗位上干得很出色，就

推断此人一定能够胜任更高一级的职务。同时要打通员工的晋升通道，让员工"条条大路通罗马"，而不是"千军万马过独木桥"。

1. 管理者不要凭个人情感用人

彼得原理认为，下属的"晋升"和"提拔"含义是不一样的。晋升，即所谓"推"，就是通过强化培训、自我提高，按照组织的需要逐级向上走；而提拔，即所谓"拉"，指员工因为"上面有人"而得到提升，是人为加快晋升步伐。所以，提拔要靠"贵人"相助，在关键时刻推一把。提拔的实质是揠苗助长，所起到的作用，不过是大大缩短了到达不胜任位置的时间。

所以，彼得带有讽刺意味地提出忠告说："如果能坐，绝不要站着；如果能开车，绝不要走路；如果能找到贵人提拔，绝不要奋发进取。"

很明显，管理者要做的是多"推"员工，让下属通过团队的帮助、培训、辅导以及自己的努力，在提升能力的基础上顺理成章地得到晋升，他自然就会在自己的岗位上称职合格；管理者千万不能凭借个人的情感、好恶、关系而随心所欲硬"拉"硬"抬"，这样做不仅害了团队，也会害了个人。

2. 打通员工的晋升通道

现在，很多企业员工的职业晋升只有一条路：当官儿。当官儿也就是走管理路径往上晋升，不管他适合不适合做管理者，因为就是有这一条路，所以，所有的人都是顺着这条路往上爬，结果是"千军万马过独木桥"。企业不是政府，不是机关，不应该是产生官僚的地方。

从大的方面来讲，企业里员工的职业发展通道可以有管理路径、技术路径、技能路径、营销路径等，每一条通道只要做得好都能够拿高薪、坐高位，让所有的人在不同的职业道路上都有奔头儿，殊途同归，八仙过海，各显神通。

可以探索实行宽带薪酬制度，就是在拉大同等级的员工的薪酬的同时，缩小不同等级员工之间的薪酬差异，实行薪酬扁平化，以及按劳取酬、按效益取酬制度，改变以前的按职称、按工作岗位拿工资的现状。如果某一个员工干得好，他可以拿到甚至是在职称或者是职务上高他几个等级的员工的薪酬，相反，如果干得不好的话，他甚至有可能拿到全企业的最低工资。

这一薪酬体系对那些不大适合晋升，而更适合留在本职工作岗位的各级行政管理和专业技术人员的激励更有效果。对他们来说，与其更上一层时遭遇彼得原理陷阱，倒还不如在最适合自己的岗位上体现的价值更大。因为虽然他们不能通过相应的职称或职务来体现自己的价值，但他们却可以通过自己的业绩和收入来获得企业其他员工的尊敬，并以此来体现自己的价值。

比如，在华为，一个秘书的岗位分为六个层级，即一级秘书、二级秘书、三级秘书、四级秘书、五级秘书、六级秘书，每一级秘书都有明确的任职资格标准，企业在为员工不断调整岗位层级的同时，也要为他规划"更上一层楼"的职业发展目标，并提供相应的培训、工作历练的机会，以不断强化其在特定领域的才能，并始终保持对岗位颇具挑战性的任职要求的新鲜感。这就是通过培训发展、绩效评价推动、职业生涯牵引，使员工不断挑战自我，实现职业价值。

3. 管理者的自我反省

针对彼得原理与帕金森定律，管理者必须从两个方面进行自我反省：

（1）我现在处在"彼得高地"吗？我是一个称职的管理者吗？

如果不太称职，就应该抓紧补上短板，充电提升，让自己避免或者走出"彼得高地"，成为一名名副其实的称职的管理者。

（2）我敢于任用比我更强的下属吗？

只有任用能人，让比自己强的人为自己工作，你才有更高、更宽广的舞台。刘邦的成功就是靠用能人、强人的成功，他说："夫运筹帷幄之中，决胜千里之外，吾不如子房；镇国家，抚百姓，给饷馈，不绝粮道，吾不如萧何；连百万之众，战必胜，攻必取，吾不如韩信。三者皆人杰，吾能用之，此吾所以取天下者也。项羽有一范增而不能用，此所以为我擒也。"而任用比自己强的人则是刘邦最大的能耐。

改革晋升机制，避开彼得原理陷阱

彼得原理告诉我们，在任何层级组织里，每一个人都将晋升到他不能胜任的阶层。换句话说，一个人，无论你有多少聪明才智，无论你如何努力进取，总会有一个你干不了的位置在等着你，并且你一定会达到那个位置。

例如，一个优秀的主治医生被提升为行政主任后无所作为；一位优秀的研究员被提升为研究院院长后一脸茫然；一位熟练的高级技工被提升为经理人员后束手无策……

这些彼得原理陷阱，主要是由企业的不恰当的激励机制和人员的晋升机制所产生的。那么，我们应该如何去避开呢？这就要求企业必须改革人员的晋升机制和激励机制。

1. 建立相互独立的行政岗位和技术职务岗位升迁机制

对于企业的行政人员和专业技术人员，可以按照所属岗位性质的不同，建立相应的相互独立的行政岗位和技术岗位的职务晋升机制，且相应的技术职务岗位对应相应的行政职务岗位，享有相应的薪酬和福利等。但是，行政职务岗位不能与相应的技术职务岗位互换。

实行双轨制，让企业的行政管理人员和技术人员分别走不同的职务晋升路线。这样，既可以满足对业绩突出人员的精神

激励的要求，让不同类的员工各得其所，又能够提高企业的管理水平和科研实力。

2. 加强对各类岗位的工作岗位研究

建立相互独立的行政和技术职务岗位晋升机制只能防止行政人员和技术人员由于错位晋升而陷入彼得原理陷阱，要防止同类岗位内部出现彼得原理陷阱，还必须对不同级别的各个岗位进行工作岗位研究，明确各个岗位所必需的责任，细化各个岗位对具体的诸如管理能力、业务水平、学历等不同能力的要求，并按不同能力所占的权重予以排队。简而言之，就是"按岗设人"。

3. 建立岗位培训机制

在这个现代化的社会，技术、管理发展日新月异，新的技术、管理知识每天都在不断出现，即使昨天你是个合格的技术人员、合格的管理者，如果不加强学习的话，今天你就有可能落伍。

如今，企业的岗位培训已经越发变得重要。国内外的知名企业，都非常重视企业的岗位培训，且大都建有自己的专门的岗位培训机构，外如著名的摩托罗拉大学、惠普商学院，内如海尔大学等。

4. 实行宽带薪酬体系

所谓宽带薪酬，就是在拉大同等级的员工的薪酬的同时，缩小不同等级员工之间的薪酬差异，实行薪酬扁平化，以及按劳取酬、按效益取酬制度，改变以前企业的那种按职称、按工作岗位拿工资的现状。如果某一个基层工作人员干得好，他可以拿到甚至是在职称或者是职务上高他几个等级的员工的薪酬，相反，如果某一个高层员工干得不好的话，他甚至有可能拿到全企业的最低工资。

设立薪酬体系的好处是显而易见的，它可以激励各个层次的员工能够全身心地投入到自己的本职工作中去，实现"在其位，谋其政"，要不然的话，可能自己月底的收入就会很可怜。

通过这一方式，可以在各个层次的工作岗位中留住有事业心的合格的人才。

第2章
简道尔法则：知人善任是管理者的必修课

　　美国百事可乐前总裁唐纳德·简道尔提出：企业要尊重人、培养人、锻炼人，各尽所能，人适其位，把适当的人选配到最适合的位置上去。这一结论被称为简道尔法则。

知人，是用人的首要前提

知人，首先要对所需、所用之人有一个较全面的了解。在知人的基础上才有可能选择合适的人才，知人是管理者用人的第一要素和前提。当然，知人识才是为了善任人才，通过善任人才来获得企业持续的竞争力。

要用好人才，就必须择人任势。一个人，不可能具备种种才能，胜任一切岗位，某一特定人才总有最适合于他的位子。这就需要管理者在知人的基础上，在人才的使用上给予恰当安排，形成人员配置的最佳组合机构。

管理学家汤姆·彼得斯曾说过：企业或事业唯一真正的资源是人，管理就是充分开发人力资源以做好工作。

如何有效地开发人力资源？这要做到两点：

首先，管理者要广泛地了解他人的价值观、个性和期望及长处，并加以合理运用，才算是知人。

经过知人，管理者已掌握了一定的人力资源，这只是为用人打下基础，这还要第二步"善任"，只有这样，人才才能真正发挥作用。

"集合众智，无往不利。"这是日本著名的松下集团老板松下幸之助先生的至理名言，"一个人的才干再高，也是有限的，且往往是长于某一方面的偏才。而将众才为我所用，将许多偏才融合为一体，就能组成无所不能的全才，发挥出无限巨大的力量。"事实也正是如此，历史上看似一无所长的汉高祖刘邦是将知人善任发挥到极致的古代领导典范。刘邦市井出身，文不及张良、萧何，武不如韩信，却能驱策自如，善于调动他人所长，用人到位，最终成为汉代开国帝王。

慧眼识英才，用人先识人

在日常的企业管理中，想要做到让人们交口称赞自己大公无私，就要做到知人善任，也就是说，一个企业的管理者只有找对了人、做对了事，才能让人信服他的管理水平。

有的时候，你也许已经给了你的员工很优厚的待遇，或是为了培养他们花费了巨大的心血和财力，而他们却弃之不顾，甚至将你的客户、内部资料乃至员工都席卷而去。这不仅会给你的企业造成重大损失，还对你本人的自尊造成莫大的伤害。为了尽可能减少这类事情的发生，你应该做些什么呢？那就是，要先找对人。

在一开始找到优秀的人才，对企业来说是至关重要的，而且这显然比以后解雇差的人员要容易一点。一般来说，只有找对了人才能做对事。因为，合适的人才较少犯错误，他可以让你

的企业获得更高的生产率，更重要的是这种人能独立解决工作中出现的问题。所以说你要试着只雇用那些聪明的，并能够了解你的工作系统的人。这种人效率高，会以自己的方式去提供良好的服务，还不需要耗费太多的精力来指导他们，能节约培训成本。

如何解决这一问题呢？那就是在企业决定招聘人才的时候，就把人才的各个方面都考虑进去，从而让一个管理者真正能够做到任人唯贤和知人善任，而显示其大公无私的一面。

管理者在寻找人才时一定要善于看清人的长处、短处，扬长避短，把握主流。人的优缺点是可以转化的。如果善于识才，并做到其才为我所用，其突出的才能会给企业带来更大的绩效。

管理者要做到知人善任，就要树立客观公正的态度，才能真正了解人，正确评价人，不至于对人形成扭曲的印象，大公无私，心公则平，不偏不倚，方能公平衡量人才。

大材不能小用，小材不能大用

我国古人曾说："君子所审者三，一曰德不当其位；二曰功不当其禄；三曰能不当其官；此三本者，治乱之原也。"由此可见，能当其位是任人的原则，是判断管理者任人是否正确的首要标准。

管理者对人才的选用一定要量体裁衣，既不能让统御千军的将帅之才去做火头军，也不能让县衙之才去当宰相；既不能让温文尔雅坐谈天下大事的文官去战场上驰骋，也不能让叱咤风云、金戈铁马的武将成天待在宫廷内议事，而应该辨清各自的特长，派其到相应的地方或授予其相应的职位。

不当其位，大材小用或者小材大用都是任人失败之处。不当其位，当然就无法发挥人才的长处，空有满腹经纶却无处施展；大材小用造成人才的极大浪费，必挫伤人才的积极性，使其远走高飞，另谋高就；小材大用只会把原来的局面越弄越糟，成为发展路上的绊脚石。"用人必考其终，授任必求其当"，古人已经给现代管理者们做出了楷模。

狄仁杰就是一位善于任用人才的官吏。

有一次，武则天要狄仁杰为她推荐人才，狄仁杰说："荆州长史张柬之，虽然年老，但是一个当宰相的人才，用之必能有益于国家。"武则天当即下令张柬之为洛州司马。

过了几天，武则天又要狄仁杰推荐人才，狄仁杰说："我已经给你推荐了张柬之，但陛下不用。"武则天说："已经提拔过了。"狄仁杰说："臣荐的是做相国的，让他当司马，不能算用他。"武则天这才详细询问了张柬之的出身与才能，提升他为秋官侍郎，不久又拜为宰相。

后来，在稳定唐朝的统治中，张柬之果然起了重要的作用。狄仁杰所坚持的用人之道，正是他善用人才的表现。

善用人才，就是用人之长。作为管理者，应该把人才放到最适合他能力和特长的岗位上，最大限度地发挥作用。换句话

讲，管理者给予人才的职务应该是最能刺激他发挥自己优势的职务。既不能大材小用，也不能小材大用，只有善用人才，才能更好地发挥他们的作用。

用兵点将，用合适的人做合适的事

管理者的首要任务，就是选用合适的人，做合适的事。管理工作能否圆满完成，关键因素就在于人。只要善于汇聚众人的智慧，把各种各样的人用好，人尽其才，各尽其能，你的事业便可望兴旺发达，你将尽享成功的乐趣。这一道理对于那些做出卓越成就的管理者来说更是谙熟于心，并为之投入大量的时间，付出大量的精力。他们知道，作为一个管理者，最重要的工作不是制定目标，不是不停地修改规章制度，而是"选人""用人"。做不好这一工作，所有的目标和设想都将是海市蜃楼。

企业管理者的主要职责在于按照企业生产经营管理的要求和员工的素质特长，合理"用兵点将"。

日本"重建大王"坪内寿夫就是"点将"的高手，在活用人才方面很具特色。坪内寿夫指出：每个企业都有一些"窗边族"，也就是专门在窗边待着，什么也不必做，就可以领取高薪的人。终日卖命勤奋的员工，看到这些悠闲的"窗边族"，心中当然有所不满。如果公司无法改变这种现象，恐怕是难以整顿的。我们讲究的是劳动价值，假如公司存在着游手好闲者，其他的人自然也会缺乏工作意愿。在我们公司里，就会把这些"窗边族"另派用场，在造船部门中绝对看不见任何"窗边族"。

这就是坪内寿夫所倡导的适才适所主义。适才适所主义就是要根据员工的不同情况，安排到最适合他们的工作岗位上去。实施的结果使得原先只从事造船业的人，都觉得自己还能够从事其他工作。很多人尝试新的工作后，对自己的能力很惊讶，发现自己竟也对新的工作得心应手。

一位商界著名人物，也是银行界的领袖曾说："我的成功得益于鉴别人才的眼力。这种眼力使得我能把每一个职员都安排到恰当的位置上，并且从来没有出过差错。"不仅如此，他还努力使员工们知道他们所担任的位置对于整个事业的重大意义，这样一来，这些员工无须监督，就能把事情办得有条有理、十分妥当。

一个善于用人、善于安排工作的人就会在管理上减少许多麻烦。他对于每个雇员的特长都了解得很清楚，也尽力做到把他们安排在最恰当的位置上。但那些不善于管理的人竟然往往忽视这个重要的方面，而总是考虑管理上一些鸡毛蒜皮的小事，这样的人当然要失败。

很多精明能干的总经理、大主管在办公室的时间很少，常常在外旅行或应酬客户。但他们公司的营业丝毫未受不利的影响，公司的业务仍然像时钟的发条机制一样有条不紊地进行

着。那么，他们如何能做到这样省心呢？他们有什么管理秘诀呢？没有别的秘诀，只有一条，那就是他们善于把恰当的工作分配给最恰当的人。

管理者的首要任务，就是选用合适的人，做合适的事。队伍能否高效运转，管理工作能否圆满完成，关键因素就在于人。

用人要做到原则性和灵活性的统一

人无完人，即便是再有才能的人也会有这样那样的过错。常言道："人非圣贤，孰能无过，况且圣人也会有过错。"若管理者只见其短而不见其长，一味地求全责备，则不仅得不到人才，弄不好还会致使人才外流。

不求完人就是不计较其细微的错误，也不在意其自身的缺憾，更不关心其出身是否高贵，只有一点，他有才德就应得以任用。"水至清则无鱼，人至察则无徒。"过分强调次要的方面必然会物极必反，造成意想不到的后果。而且过分地求全责备会使管理者很难分清是非，有时只见外表而看不到本质，看到一个人丑陋，即使他有"八斗之才"也不加任用；人家犯了一点错误，即使他有很高的技能也弃之如敝屣。这样的管理者最终只能是众叛亲离，变成孤家寡人。

著名作家梁晓声曾在一次演讲上讲了这样一则故事：一个

女青年被分配到一家搞设计的单位，领导及身边的同事一见女孩那么丑，心里就不大舒服，没多久那位女青年就走了。这听起来似乎有点不可思议，这可是一个搞设计的单位啊！怎么那么在乎人家的长相呢？这正是不善于容人的表现。

每个人都有自己的不足之处，这是不争的事实。管理者不能"一叶障目而不见泰山"，如果过分地考虑人家的不足之处则会因小失大，既不能识得人才又不能很好地使用人才。大肚能容的管理者总想把员工的不足置于一边，关注最多的则只是他们的实际能力。对于有缺点的人，聪明的管理者的做法是"取大节而略其小过"。

一些管理者事业的成绩往往在于善用有过错之人。这些人往往有很高的能力，因为才能发挥不了也不为人所知，一旦管理者不计较其小过而加以重用，他们就会尽力地展现自己的才能，最终助管理者一臂之力。台湾万有纸业股份有限公司总经理能够成功的一个重要方面就在于用人。他不用"老实""听话"的人，相反，对真正的人才，即那些既有真才实学，又能开创新局面的人，尽管有点"毛病"，争议大，甚至还有人反对，也坚决要用，必要时还委以重任。

对事物一味地求全责备最终会一无所获。看见一根头发丝在一席佳肴中，于是便愤然倒掉所有的美味，当事人失去的就不仅仅是美味，还失去了一个人的良好品德。对人才，看见他们身上有"灰尘"便避而远之，结果失去的不只是人才，而是事业的发展前途。在当今社会，谁占有了大量人才，谁就占有

了主动。发展的机会一瞬即逝，往往不经意的一次决策就注定了以后的失败。管理者要在现代及未来的竞争中占有先机，就必须用高层次的人才，大胆地用有缺点的人才。

当年，北欧航联董事会为摆脱危机，聘任卢尔森为总经理。卢尔森上任后大刀阔斧地改革，在不到两年的时间里就扭亏为盈。但这位经营天才却有许多毛病，公司内部的好几位董事都不喜欢他。卢尔森自称是一个"有表现癖"的好出风头者，声称"天下三百六十行，行行都在表演亮相"。一些同事也对他的作风表示不满。但公司董事会还是留任他当总经理，因为他能为他们带来效益，这实质就是只用其长而弃其所短。总之，管理者在择人方面既要有一定的原则性，同时又要有一定的灵活性，这样才能选好人才，用好人才。

第3章

韦尔奇原则：用人得当，事半功倍

通用电气前总裁杰克·韦尔奇曾说："我们所能做的是把赌注押在我们所选择的人身上。因此，我的全部工作就是任用适当的人。"这一原则说明，管理者的任务就是用合适的人做合适的事，并鼓励他们用自己的创意完成手上的工作。这实际上提出了"管理者用人的前提是如何察人"的问题，做到既要察人所长、用人之长，又要察人所短、因人而用。

不能让外行人做内行事

春秋时期，郑国的大夫子产很善于处理政事。担任相国期间，他擅于举贤选能、任用人才。对不合适的人选，及时提出否定意见，并且讲清道理，使人心服口服。而对于那些有能力的人定会加以重用，给他们充分展现才华的机会。

一次，郑大夫子皮提出，要让尹何做他的封地长官。子产以商量的口吻对子皮说："尹何太年轻了，不知道能否胜任。"子皮说："尹何这个人挺老实的，我很喜欢他，他是不会背叛我的。让他去学习学习，也就懂得怎样管理了。反正是管理我的封地，我会照顾他的。"子产听了，皱皱眉头说："这样做不合适。大凡一个人喜欢另外一个人，总想对他有利。但是，因为你喜欢尹何而把政事交给他，就好像让一个不会拿刀的人去割东西，他不但不会割到东西，相反还会使自己受到损伤和伤害。这样一来，你所谓的喜爱一个人，其实是伤害了他，那谁还敢求得你的喜爱啊！你在郑国是栋梁，如果栋梁折了，椽子就会随之崩溃，我也会被压在底下的。"

子皮顿时陷入了深思，子产继续说："比如，你有一块华丽的绸缎，打算做成衣服，你绝不会把它拿出来让裁缝当作练习用的布料。同样，重要的官职，庞大的封邑，对你来说是不可缺少的庇护条件，而你却让人学着管理，你想想这不是比拿华丽的绸缎做练习更加可惜吗？我只听说学习好了才能参加管理政务，从来没有听说把管理政务当作学习的对象。如果您定要这么做，那么吃亏的一定是你。又比如打猎，只有射箭和驾车技术都很熟练的人才能擒获猎物，如果从没有射过弓箭，也没有驾过车，那么他一定担心翻车压人，哪里还有工夫琢磨如何猎获禽兽呢？"

子皮被说得面红耳赤，忙说："您说得对，我太笨了。我听说，君子专门研究大事和长远的事，小人只会注意细小的事、眼前的事。我就是小人啊！衣服穿在我身上，我知道爱护它；重要的官职、庞大的封邑对我来说是一个很重要的庇护条件，我却疏忽、轻视它。我真糊涂啊！没有您的一番话，我就不懂得这些得失的道理。过去我说过，您治理郑国，而我只治理自己的家族，保护好自己，那就万事大吉了。现在我知道，即使我自己家族的事也要按照您的意见办。"

子产说："人心各不相同，就像人的面孔各不相同一样。我怎敢说你的面孔就像我的面孔呢？我的想法和你的不一定相同。我只不过把我心里认为危险的事情告诉你，供你参考罢了。"

子皮认为子产很忠诚，因此把郑国的政事全部委托给他。

子皮因为喜欢尹何就决定委任他，实际上，尹何根本不懂得如何管理政务，子皮想让尹何边学边管理。事实上，封地对子皮来说是非常重要的，让一个不熟悉管理的人来管理，定会

造成很大的损失。

对于重要的工作，不能允许外行边学边做，这样不但不能保证工作的质量，还可能对工作的人造成伤害，因此必须具有一定经验后才能任用。如果择人是为了用人，那么用人一定要慎重，不能只凭个人的好恶，要根据这个人的实际能力来决定。

别把飞机引擎装在拖拉机上

马云说过："办公司不是要找最优秀的人，而是要找最合适的人。波音747的引擎是很好，但如果你配的机器是拖拉机，发动引擎就会爆炸。"

1999年，马云融资100万美金。有了钱他首先想到的就是请人，去世界500强请人。结果他请来的负责营销的副总裁，第一个月跟他谈市场预算的时候，说今年需要1200万美金。马云听了很惊讶，自己总共才融了100万美金，实在没办法，马云最后只好又请他离开了。就是这件事让马云认识到，"办公司不是要找最优秀的人，而是要找最合适的人"。

创业是一件非常美妙而又充满痛苦的事情，也是一件严肃的事情，选择合作伙伴一定要非常谨慎，创业要找最合适的人。对于企业而言，衡量人才是否优秀的唯一标准是他是否符合企业的发展需要。从作业要求的角度说，匹配的就是人才。理性的用人标准是不被人才的光环所诱惑，而是紧紧扣住"企业发展需要"这根弦。

1999年9月，阿里巴巴网站建立起来了，马云立志要使之成为中小企业敲开财富之门的引路人。10月，阿里巴巴获得以高盛牵头提供的500万美元风险资金，马云立即着手的一件事情就是，从香港和美国引进大量的外部人才。

马云对外宣称："创业人员只能够担任连长及以下的职位，团长级以上全部由MBA担任。"当时，在阿里巴巴12个人的高管队伍成员中除了马云自己，全部来自海外。

接下来几年，阿里巴巴聘用了更多的MBA，包括哈佛、斯坦福等学校的MBA，还有国内大学毕业的MBA。但是，阿里巴巴请来的很多业界高手们，却严重"水土不服"。他们总是讲得头头是道，但结果干起来全错！后来这些MBA中的95%都被马云开除了。

马云后来回忆道："我跟北大的张维迎教授辩论，首先我承认我水平比较差，95%的MBA都被我开除掉了，难道他们就没有错吗？怎么可能95%都被我开除掉？肯定有错。因为这些MBA一进来跟你讲年薪至少十万元，一讲都是战略。每次你听那些专家跟MBA讲得热血沸腾，然后做的时候你都不知道从哪儿做起。"

错误让马云明白，公司当时的发展水平还容不下那样的人。那些职业经理人管理水平确实很高，就如同飞机引擎一

样，但是将飞机的引擎装在了拖拉机上，最终还是飞不起来。

后来在阿里巴巴有这样一句名言："让平凡的人做不平凡的事，充分调动他们的积极性跟潜能。"马云不断说，我考三次大学没有考上，一定很平凡，如果你们觉得我今天是成功的，那每个平凡的人都能成功。可以说，阿里巴巴现在的成功离不开这一用人理念：找到最合适的人才，放在最适合的位置。

作为管理者，要有知人善任的能力，要能够识别队伍中每一个员工的能力，根据员工自身的能力和专业学识，将其放到与其能力相匹配的岗位上，才能最大限度地发挥每一个员工的潜力，让每一个员工都有施展才华的空间，以便为企业带来最大的效用。

将恰当的人放在最恰当的位置上

俗话说："三人行，必有我师。"人各有所长，能善用其所长以处事，必可收事半而功倍之效。成功的管理者用人的重要原则之一就是适才适所，也就是说把恰当的人放在最恰当的位置上，这样整个队伍就会有序高效地运转，释放出最大的效能。

任何人有其长处，也必有其短处。人之长处固然值得发扬，而从人之短处中挖掘出长处，由善用人之长发展到善用人之短，这是用人艺术的精华之所在。在用人问题上不能机械从事，要根据具体情况灵活使用人的长和短，要根据工作需要和被用人才的素质，取其之所长，避其之所短。

一个善于用人的管理者，首先在于他能够根据队伍中每个人的才能和长处，把他们放在最能发挥其长处的岗位上，并着意为他们提供能够发挥才能的各种条件。

其次他善于取长补短，把队伍中各种不同类型的专才或偏才组织成互补结构。任何人才，只有在集体中各显其长，互补其短，才能充分地发挥其作用。通常人才类型当中，有的高瞻远瞩、多谋善断，具有组织和领导才能，称为指挥人才；有的善解人意、忠诚积极、埋头苦干、任劳任怨，称为执行人才；有的公道正派、铁面无私、熟悉业务、联系群众，称为监督人才；还有的思想活跃、知识广博、综合分析力强、敢于坚持真理，称为参谋人才；等等。这些人，如果一个个孤立起来看，几乎都是"偏才"，但一经合理组合，各展所长，就成了"全才"。

由此可见，合理使用人才，可以使"劣马"变成"千里马"；反之，则可能使"千里马"变成"劣马"。高明的管理者不仅善于用人之长，而且能够容人之短；不仅能容人之短，而且能化短为长，使各类人才创业有机会，做事有舞台，发展有空间。

用人之道在于扬长避短

人有所长，也有所短。在比较长与短时，应更多地看到人的长处，而不能更多地看到人的短处，特别是不能过分地夸大人的短处。如果一个人的短处成为他的主要方面，那这个人就失去了存在的价值。他之所以没有被消灭，就说明他的长足可以补偿他的短，他的功足可以补偿他的过，并对社会还有益处。

对于管理者来说，用人的决策，不在于如何减少人的缺点，而在于如何发挥人的长处。这就是说，要择人之长而用。世界上没有绝对的好人或完美的人，管理者要找到适合某一工作需要的人。评价一个人，只能说他干得最好的是什么，而不能说，他干得最不好的是什么。因此，作为一个管理者，其基本天职就是想人之长、说人之长、用人之长。

假若所用的人没有缺点，其结果只能是平庸之辈。干大事而惜身，见小利而忘义，更谈不上有所大为。这种人只不过是谨小慎微、小心奉上之人，其胸中并无雄才大略，更谈不上为大略而献身。现实告诉我们，才能越高的人，其缺点也就越突出。有高山，必有深谷。

如果抓住部下的缺点不放，则证明他本身就是一位弱者，因为他怕别人之长威胁他的安全。事实并不存在下级之长会威胁上级的安全。因为下级之长会使事业发展，这个功劳会记在管理者名下而被重用；下级之短会使事业受损而使领导受到免职的危险。

用人的目的在于办事，而不是投自己之所好。人的最特殊的天才，就是尽其所能在一个领域内达到顶峰，但不可能在许多领域都能达到顶峰。在一个领域内，他可能成为一个有权威的部门专家，但不能在许多部门都成为专家。没有万能之才，只有一技之长的专才，忽视了人的这种特殊性，求其万能，就不是真正的管理者。应该知道，人的一些缺点几乎是不能改变的。

管理者用人之道，在于发挥人的长处、中和人的短处，使之变得无害。要用一个人的两只手，就要将整个人请到队伍中来。

用人的原则，可以总结为下列几条：

第一，职务的内容应适合普通人的能力，不能搞只有上帝才能做得到的内容要求。

第二，职务的内容应能刺激个人能力，即适当地高于他的能力，对他的能力形成挑战。

第三，平时就考虑某个人能干些什么。

第四，要发扬人的长处，就要容人的短处。

三个臭皮匠，抵个诸葛亮。但如果相互损耗，那三个还不如一个好，因为一个人可以发挥自己之专长。如果搞一个折中方案，结果都不是用人之所长，反而会降低整个队伍的工作效率。

让队伍中人人有施展才华的空间

管理者在用人时应该坚持人尽其才的原则，给予员工广阔的空间，做到人尽其才。也只有这样，人才才会绝对信任管理者，投桃报李，为管理者尽展其才华。成功的管理者大都爱对部下说："你们放手去干好了？"因为他们非常明白，只有让手下放手施为，尽其所能，下属才能充分发挥自己的才能，整个队伍才能创造出辉煌的成绩。

清代学者阮元在一首诗中写道："交流四水抱城斜，散作千溪遍万家。深处种菱浅种稻，不深不浅种荷花。"把种子散在最适宜生长的地方，方才喜得丰收果实。我们从这首诗中应得到一些有益的启示。如果我们把人才比作一粒种子，要想让人才在单位发挥最大能量，取得最大利益，作为管理者就要掌握单位各类人才的专业特长，根据单位岗位设置情况，科学合理地选择优秀人才配备相应岗位施展其才能。把人才放在最适宜成长的位置，做到了知人善任，不仅是一种用人观念，更是一种智慧。

某单位新来一名省财政学院的大学毕业生，其所学专业是计算机应用与维护。当时单位财务科有一空岗，领导将其安排在财务科担任会计，但他不懂会计专业，感觉到工作无所适从，整个人工作得焦头烂额。领导看他焦急忙乱的样子，找其谈话方知虽然是财政学院毕业，该员工所学与所做专业不对口。为此领导把他调到信息科，让其负责单位网站建立和微机管理工作。自进入信息科，该员工工作得得心应手、如鱼得水，每项工作都做得有声有色，圆满出色地完成信息科的各项工作。

在当今企业界中，更多的管理者认识到了人尽其才的重要性，并用之于实践，都取得了良好的效果。

日本丰田汽车公司老板丰田喜一郎充分信赖销售专家神谷正太郎，让其不受任何约束地工作就是一个突出的典型。事实证明，丰田喜一郎是正确的，神谷正太郎无愧为一个销售天才。他为丰田汽车公司的飞速发展立下了汗马功劳，用尽了自己的聪明才智，而且他对丰田始终忠贞不贰。人尽其才的任人准则在此得到最充分的体现和证明。管理者们应该加以借鉴和应用，以减少人才资源的浪费，增强队伍的力量，促进企业或事业的发展。

第4章
德尼摩定律：人才任用，因人而异

英国管理学家德尼摩提出：凡事都应有一个可安置的所在，一切都应在它该在的地方。领导者要熟知员工的性情和特点，并据此将他们分配到合适的岗位上，知人善任才能成就事业。这被称为德尼摩定律。

用人切莫"看人挑担不吃力"

作为管理者，不要"看人挑担不吃力"。一些管理者犯的最大毛病，是永远以为每一件事都是很容易办的，即所谓"看人挑担不吃力"，要想想自己从前奋斗的日子。有些人未经辛苦，只靠父荫或高等学历坐上管理者之位，更不懂得体谅下属的困难。将工作交给下属后，不表示将包袱转到别人手中，不表示不管下属如何困难，也要他自己解决。如此上司是经不起考验的，他们被下属架空及取替其位置的例子也不少。

管理者在一定程度上要相信下属的话，下属遇到棘手的问题时，不应袖手旁观，更不应立刻找其他人接替先前下属的任务。管理者应该与下属一起找出难题症结所在，然后看应否增多一些下属来协助。如果不闻不问，光要看成果的话，是极不负责任的，而且一旦疏忽监察，造成大错时，挽救更难。

期望越大，则失望越大；对下属不闻不问，下属同样也会随心所欲，两件都是小事，其后果却同样严重。

管理者对下属有所期望，这是应该的，下属也会因此感受到管理者的信任；但是，切莫对下属期望太高，不要认为期望越高下属的工作就会做得越好，否则会给下属带来巨大的压力。这同样也是小节，但管理者绝对不可以忽略！

也许你在上学的时候总是被父母拿来与邻居的儿子相比，说你总是不如人家好。你当然会想自己有很多他不具备的能力，还很不服气。但是，今天你当了别人的上司，却期望所有下属有同样的高质素表现，是犯了与上述事件的同一毛病。

每个学生都有他特别优异和感兴趣的科目，加上性格各异，将来自有不同的发挥处。同样的道理，下属来自不同生活和家庭背景，各自拥有不同的才能。有些工作效率高，却素质平平；有些爱说话，但是做事有条不紊，正是各有所长，没有谁是一无所长的。因此，在指派工作时，不要胡乱指派一位，就期望他会给你高质量的成果。勿以为你的下属都是万能的，你自己也不是任何办公室里的事务都懂得怎么做的。

不少管理者认为下属必须迁就工作，而非由工作配合员工。然而，别忘了要使员工尽量发挥潜质又使工作得到最佳效率的话，工作和雇员互相配合，方有预期或意外的成绩。正确的做法是因材而用，根据下属的性情和才能，将其安排到合适的岗位上。

不同性格采用不同的任用方式

俗话说："人心不同，各如其面。"人与人之间性格差异很大。性格是一个人个性的核心，它直接影响到人的行为方式，进

而影响到人际关系及工作效率。因此，在管理过程中，根据人的不同性格采用不同的用人方式，是提高管理水平的重要手段。

社会学家们通过观察总结，认为人的行为风格可分为四类：分析型、推动型、表现型及温和型。

分析型是完美主义者。他们事事力求正确，精于建立长期表现卓越的高效流程。但他们的完美倾向会导致大量繁文缛节，做事喜欢固守陈规。

因此，不要指望这些谨小慎微的人会果断决策。这类人总是搜集尽可能多的信息，权衡各种选择，甚至一些不可能的选择。他们常常苦于决策。分析型的人喜欢独立行事，不愿意与人合作。尽管他们性情孤傲，但令人惊喜的是，患难之中却最见其忠诚。

温和型的人适合团队工作。他们常喜欢与人共事，尤其是人数不多的团队工作或两人合作。这类人淡漠权势，精于鼓励别人拓展思路，善于看到别人的贡献。由于对别人的意见能坦诚以待，他们能从被其他团队成员随手否决的意见中发现价值。

温和型的人常常愿为团队默默耕耘。由于他们的幕后贡献，往往使他们成为团队中的无名英雄。这种无私的奉献固然伟大，但他们可能会走极端，只顾别人却忘了及时完成自己的职责。温和型的人一般在一个稳定的、企业组织架构清晰的公司中表现出色。一旦他们的角色确定、方向明确，他们会坚定不移地履行自己的职责。

表现型的人好炫耀。他们敢于夸口，好出风头。这类人喜欢惹人注目，是天生的焦点人物。表现型的人活力十足，偶尔也会显露疲态。这往往是因为失去别人刺激的结果。也许由于他们精力充沛，所以总喜欢忙个不停。

但表现型的人好冲动，常常在工作场所给自己或别人惹麻烦。他们喜欢随机做事，不爱计划，不善于时间管理。他们能抓大局，放弃细节，喜欢把细节留给别人去做。

推动型的人注重结果，在四类人中最务实，并常常为此引以为自豪。他们喜欢订立高却很实际的目标，然后付诸实际。但他们极其独立，喜欢自己定目标，不愿别人插手。善于决断是其显著特点。

推动型的人看重眼前实际，很少理会理论、原则或情感。他们懂得随机应变。但这类人有时太好动且行动迅速，往往因仓促而走弯路，从而带来一些新问题。推动型的人无论表达意见还是提出要求都很直率。他们实干但不囿于琐事，理智但不迂腐。

有效的企业管理需要同时具备这四种类型的优势。德鲁克在《管理：任务、职责与实践》一书中写道："企业的高层管理中需要至少四种不同类型的人：'思想者'，分析型；'行动者'，推动型；'交际者'，温和型；'冲锋陷阵者'，表现型。"

上述四类人，每一类都有其潜在的优势和不足，但优势也只不过是潜在资产，只有善加开发才能成为实际优势。同样，不足也只是一种潜在的负债，管理者应当设法扬长避短，用好每一类人，以最大限度地发挥他们的才干，提高团体的效率。

按员工的特点和喜好分配工作

研究表明，一个人认为值得做的工作，一般要符合这几个条件：符合自己的价值观；适合自己的个性与气质；工作中能让自己看到成功的期望。达到了这几个标准，人们在工作时就能很好地投入；达不到这个标准，人们就会倾向于懈怠。这样做事不仅成功率小，而且即使成功了，做事者也不会觉得有多大的成就感。德尼摩定律要解决的就是这个问题。

德尼摩定律告诉我们，每个人，每样东西，都有一个它最适合的位置。在这个合适的位置上，它才能发挥它最大的功效。运用到实践中，对个人来说，德尼摩定律要求应在多种可供选择的奋斗目标及价值观中挑选一种，然后为之而奋斗。这样才可能激发我们的热情和积极性，也才可以心安理得。"选择你所爱的，爱你所选择的。"道理也是在此。

对一个企业的领导者来说，德尼摩定律要求他要按员工的特点和喜好来合理分配工作。

对于那些成就欲较强的优秀员工，让他们单独或牵头完成具有一定风险和难度的工作，并在其完成时给予及时的肯定和赞扬。

对于那些依附欲较强的员工，让他们更多地参加到某个团体中共同工作。

对于那些权力欲较强的员工，让他们担任一个与之能力相适应的主管。

对于那些事事悲观，对新观念不抱希望的员工，管理者在他们面前一定要保持一种乐观进取的态度，让他们有所放松，并多多鼓励他们积极进取。

对于那些脾气暴躁的员工，应当在他们心平气和时，让他们知道乱发脾气是不恰当的，并强调单位是个整体，不容许个别人破坏纪律，也不会姑息乱发脾气的行为。当他们情绪激动的时候，最好先不要发言。听他们诉说心中的不平。一个愤怒的人，通常会有很复杂的情绪，细心地聆听可以令他感觉到你在注意他，并会对你慢慢地有好感。

对于一些个性极强的员工，则不能放任自流，要及时地制止他们我行我素的行为，让他们明白不能无视单位的纪律，以直接劝告来达到说服的目的。

作为管理者，面对有着不同秉性的员工，要懂得去了解他们的性格，把不同性格和具有不同特长的员工，放在不同的位置上以充分发挥他们的才能。

对于不同的员工，管理者一定要先把握他们的性格，才能够据此采取不同的对策，让他们信服。同时要加强员工对企业目标的认同感，让员工感觉到自己所做的工作是值得的，这样才能激发职工的热情。

知人善任做管理，巧夺天工用人才

对一个人才来说，性情为人也许是天生。但作为管理者却能够"巧夺天工"地运用它，使之能够既显其长又避其短。

宋代司马光总结说："凡人之才性，各有所能，或优于德而强于才，或长于此而短于彼。"用人如器，各取所长。这是现代管理者的最基本的领导才能。

假如你是一位企业管理者，对待如下不同类型的下属，应当采取不同的用人之道，使他们克服短处、发挥特长，为组织发展增添人力资源：

知识高深的下属，懂得高深的理论，可以用商量的口吻；

文化低浅的下属，听不懂高深的理论，应多举明显的事例；

刚愎自用的下属，不宜循循善诱时，可以用激将法；

爱好夸大的下属，不能用表里如一的话使他接受，不妨用诱兵之计；

脾气急躁的下属，讨厌喋喋不休的长篇说理，用语须简要直接；

性格沉默的下属，要多鼓励他说话，不然你将在云里雾中；

头脑顽固的下属，若对他硬攻，则容易形成僵局，造成顶牛之势，应看准对方最感兴趣之点进行转化。

以下是10条用人的经验之谈：

（1）性格刚强却粗心的下属，不能深入细致地探求道理，因此他在论述大道理时就显得广博高远，但在分辨细微的道理时就失之于粗略疏忽。此种人可委托其做大事。

（2）性格倔强的下属，不能屈服退让，谈论法规与职责时能约束自己并做到公正，但说到变通他就显得乖张顽固，与他人格格不入。此种人可委托其立规章。

（3）性格坚定又有韧劲的下属，喜欢实事求是，因此他能把细微的道理揭示得明白透彻，但涉及大道理时他的论述就过于直露单薄。此种人可让他办点具体事。

（4）能言善辩的下属，辞令丰富，反应敏锐，在推究人事情况时见解精妙而深刻，但一涉及根本问题他就说不周全，容易遗漏。此种人可让他做谋略之事。

（5）随波逐流的下属不善于深思，当他安排关系的亲疏远近时能做到有豁达博大的情怀，但是要他归纳事情的要点时他的观点就疏于散漫，说不清楚问题的关键所在。这种人可让他做低层次的管理工作。

（6）见解浅薄的下属，不能提出深刻的问题，当听别人论辩时，由于思考的深度有限，他很容易满足，但是要他去核实精微的道理，他却反复犹豫没有把握。这种人不可大用。

（7）宽宏大量的下属思维不敏捷，谈论精神道德时知识广博、谈吐文雅、仪态悠闲，但要他去紧跟形势，他就会因为行动迟缓而跟不上。这种人可用他去带动下属的行为举止。

（8）温柔和顺的下属缺乏强盛的气势，他体会和研究道理时会非常顺利通畅，但要他去分析疑难问题时则会拖泥带水，一点也不干净利索。这种人可委托他按照管理者的意图办事。

（9）喜欢标新立异的下属潇洒超脱，喜欢追求新奇的东西，在制定锦囊妙计时，他卓越的能力就显露出来了，但要他清静无为却发现他办事不合常理又容易遗漏。这种人可从事开创性工作。

（10）性格正直的下属，缺点在于好斥责别人而不留情面；性格刚强的人，缺点在于过分严厉；性格温和的人，缺点在于过分软弱。这三种人的性格特点都要主动加以克服，所以可将他们安排在一起，借以取长补短。

知人"五不"，不拘一格用人才

领导在用人方面要抛弃个人的偏见，要科学、全面、客观、公正地看待人才，以选拔和任用企业所需要的真正人才。

具体来说，要做到以下几点：

1. 不以好恶而取才

唐太宗李世民之所以能开创名垂千古的"贞观之治"，与其"吾为官择人，唯才是与，苟或不才，虽亲不用，如其有才，虽仇不弃"的择人之道具有直接的因果关系。他尊重人才，兼听广纳，选用了一大批有真才实学的人治理国家。魏征等身边要人经常"犯上"而直言相谏，亦体现唐太宗惜才之情，容才之怀。在社会生活中，由于人们的思想、志趣、经历、爱好、性格等方面的差异，难免会形成人际关系中的亲疏远近、好恶喜厌，但人才却是客观存在的，是不依领导的意志感情而转移的，顺我者未必有才，逆我者未必无才。"内举不避亲，外举不避仇"，关键在于真正做到以事业为重，任人唯贤；客观公正，不以个人好恶亲疏而取才。

2. 不以妒谤而毁才

古今中外，嫉贤妒能的恶习，屡见不鲜。人才一旦得到重用，也难免会招致某些非议，乃至造谣中伤，打击陷害。特别是当某人快被提拔时，有时流言横飞，毁语四起，犹如浓雾遮城，让人不识庐山真面目，欲查无踪，欲用无据。在这种情况下，领导者更应以无畏的爱才护才之胆，顶住压力，只要是看准的优秀员工，就应该大胆而果断地起用。

3. 不以卑微而轻才

"宰相必起于州郡，猛将必发于卒伍。"生活中很多事实说明，一些有真才实学的人，平时默默无闻，是因为得不到崭露头角的机会，甚至一辈子难以施展才能。从汉高祖刘邦所用的人才看，张良出身没落贵族，周勃是吹鼓手，樊哙是屠夫，灌婴是布贩，倘若不是时势给予他们施展才能的机遇，可能同样遭到终身埋没的厄运。拿破仑在选拔将领时，摒弃传统的以出身择人的门第观念，他认为"每个士兵背囊里都有一根元帅

的指挥棍"。在他的部队里，许多杰出的元帅都是来自社会的下层、来自士兵，著名元帅内伊就是一个饭店老板的儿子。发掘人才，既要发现那些崭露头角的人才，也要挖掘那些尚没有机会展露才学的人才。

4. 不以恭顺而选才

从某种意义上说，大凡有才能的人，遇事都有自己独立的见解、主张，不时表现出其特有的"个性"。人才的本质在于创造，敢于突破，敢于创新，敢为人先。爱因斯坦的相对论就是对牛顿时空观念的一个根本性的"破坏"。假使爱因斯坦顺从牛顿的时空理论，就不会有相对论的问世，爱因斯坦就不成其为爱因斯坦了。创造性行为的独特性基于创造主体的独立人格。爱因斯坦正是具备了"你要他这样，他偏那样"的独立人格，才使他对大家都认为理所当然、不言自明的"同时性"问题提出了怀疑，从而创立了著名的相对论。在现实生活中，一些领导喜欢下级或他人对自己毕恭毕敬、服服帖帖、唯马首是瞻。如果以是否恭顺、听话而选才，结果很可能是人才难求，奴才云集，贻误了事业，埋没了人才。在识别和选拔人才过程中，要特别警惕盲目顺从者。盲从顺从，不是懒惰就是别有用心。

识人要敢于承认个性、宽容个性、发展个性，只有这样，才能不断形成一大批敢于开拓创新、充满活力的人才队伍，才能营造一种宽松和谐的人才成长环境。

5. 不以小过而舍才

金无足赤，人无完人。"有大略者不问其短"，"有厚德者不非小疵"。一些人的小过，就像白玉上的小斑点，精明的商人不会因此而丢弃它，因为小斑点并不影响整个美玉的价值。所以，用人切忌求全责备。史学家司马光曾说过："若指瑕掩善，则朝无可用之人，苟随器授任，则世无可弃之士。"一个人如果毫无失败的经验，才真正是可忧虑的，失败过的人尝过痛苦的滋味，他们才会更加小心，以免重蹈覆辙，即所谓"失败是成功之母"。领导者要有容人之过的胸怀。

明确用人观，坚持"五坚持"

每个人的性格各不相同，才能有高下之分，品行有优劣之差。作为领导者，如果不加区别、没有原则地选人和用人，就会使得公司的队伍鱼目混珠，造成管理上的混乱，对公司的发展是极为不利的。

领导者要树立科学的用人观，建立正确的用人标准，合格的人才，为企业建立起一支活力四射、富于进取精神的强大的人才梯队。在选人用人方面，领导要坚持以下5个标准：

1. 坚持德才兼备

德才兼备是很重要的一条用人原则。坚持德才兼备，就是在选拔人才时，既要考察人才的思想觉悟和道德品质，又要考察人才的文化水平和职业技能。首先，在选拔人才时，应将德与才看成是一个完整的统一体，不能割裂，不可偏废。离开德，就失去了方向；没有才，德就成了空洞之物；其次，在坚持德才兼备的前提下，应注重对德的考察。用人问题关系到事业盛衰。历代开明之士都十分注意用人把德放在首位。魏征说："今欲求人，必须审访其行，若知其善然后用之。设今此人不能济事，只是才力不济，不为大害，误用恶人，假令强干，为害极多，但乱世惟求其才，不顾其行。太平之时，必须才行俱兼，始可任用。"这里所说的"行"与"善"和德是同一个意思，历史经验说明，有德的人有了才，就能为国为民干出更多的好事；坏人有了才，将会干出更多更大的坏事。当然，重德绝非轻才，选拔人才，应以德为前提，选其中有才能者。

2. 坚持重用人才

刘邦谈到自己战胜比他强大的项羽的原因时说："夫运筹帷幄之中，决胜千里之外，吾不如子房；镇国家，抚百姓，给馈馈，不绝粮道，吾不如萧何；连百万之众，战必胜，攻必取，吾不如韩信。三者皆人杰，吾能用之，此吾所以取天下者也。项羽有一范增而不能用，此所以为我擒也。"陈平、韩信都曾是项羽手下的人，因长期得不到重用而转投刘邦，并为刘邦重用。看来，能否重用人才，能否把那些具有真才实学的人放到能充分展现才华的舞台上，的确是事业成败的关键。

3. 坚持用人所长

一个人总是有所长有所短，既有优点，也会有缺点。鲁迅曾说过："倘要完全的人，天下配活的人也就有限。"在用人时，最重要的是用人之长，避人之短。正像俗话所说的，骏马驰千里，耕田不如牛；坚车能载重，渡河不如舟。令李逵去绣花，命小姐去打仗，就会把事情弄得一团糟。但一个人的优点和缺点，长处和短处也不是凝固不变的。优点扩展了，缺点也就受到抑制。发扬长处是克服短处的重要方法，扬长避短是发挥人才作用的有效途径。

4. 坚持注重实绩

实绩是人才德才的集中体现和德才兼备原则的客观要求。一个人才的工作实绩，既不是主观臆想，也不能凭空捏造，而是一种客观的、实实在在的看得见摸得着的东西，实绩是一个人多方面的反映，把实绩作为选拔人才重要依据，容易比较优劣，说服力强，有利于提高用人的准确性、公正性，克服主观随意性。看一个人才主要应看其实绩，看他的工作过程及其结果。

5. 坚持明责授权

古人云："非得贤难，用之难，非用之难，信之难也。"在用人上易犯的毛病就是想用而又不敢放手使用。用人必须做到"用人不疑，疑人不用"。疑而用人，既误事又误人。所谓用人不疑，就是既用之就要充分予以信任，放手让其大胆工作，明责授权，权责统一。

第5章

艾科卡法则：能者上前，庸人靠边

艾科卡法则是美国企业家李·艾科卡提出的。艾科卡说："我一直在致力发掘那些能充当最高管理者的人，他们是一些渴望工作、勤奋向上的人。这些人总是想干得比别人期望他的更多，也总是帮助他人把各自的工作干好。"艾科卡法则揭示了用人的一个重要准则：能者上前，庸人靠边。

效力强大的艾科卡"用人五法"

艾科卡出生于美国宾夕法尼亚州艾伦敦。他在大学是学工科的，刚进入福特公司时被分配当一名见习工程师。1953年，艾科卡被提升为费城地区的销售副经理。1970年，艾科卡荣升为福特公司总裁。在他就任总裁的八年里，为福特公司净挣了35亿美元的利润，在该公司的历史上留下了最辉煌的业绩。但成功招致嫉妒。1978年7月，福特二世解除了艾斯卡总裁职务，同时答应将36万美元的年薪，变成100万美元的退休金，条件是——不要受聘于其他公司。

艾科卡不为100万美元动心，更不愿向命运屈服。国际造纸公司等多家公司来请他，他都谢绝了；纽约大学商业学院等三四所学校聘请他担任院长，他也谢绝了。而当深陷危机、濒临破产的克莱斯勒汽车公司董事长来聘请时，他却欣然接受，并立刻走马上任。因为在他看来这是向福特公司挑战的机会。并且，他上任后宣称：公司起死回生之前，自己的年薪为1美元。

艾科卡临危受命，大刀阔斧推行改革，终在几年内使公司绝处逢生，呈现一派欣欣向荣的景象：1980年公司扭亏为盈，1982年盈利11.7亿美元，还清了13亿美元的短期债务，1983盈利9亿美元，提前7年偿还了15亿美元政府贷款保证金，发行股票2600万股，仅数小时就被抢购一空；1984年盈利24亿美元。艾科卡本人一下子成了美国人心中的英雄。1983年的一次美国"最佳企业主管"的民意测验中，艾科卡以绝对多数票领先；1984年4月，美国《时代》周刊的封面上刊登了他的肖像，通栏大标题是："他说一句话，全美国都洗耳恭听！"密歇根州的州长说："艾科卡是世界上最受尊敬的企业家。"

艾科卡之所以能够获得如此巨大的成功，主要得益于他的用人方法。艾科卡后来与人们谈到他事业上的成功时，将他的用人方法归结于以下5点：

1. 与属下交谈

他认为，管理就是发动他人去工作。一个企业运转得好，就是那里人发动得好，而发动人的唯一办法是与他们交谈。演说是发动一大群人的最好办法。

2. 实行季度检查制度

每三个月他就同属下坐下来，检查过去的成就与差距，计划下一季度的工作目标。艾科卡认为季度检查制度有五项好处：不断制定自己的目标；使人更有成果，充分发挥积极性；迫使职员经常检查自己完成了什么工作，下一步怎么办，多动脑子；不埋没人才，好的职员不被忽视，不好的职员无法混日子；强制职员与其上司之间的对话，促使他们沟通思想融洽感情，增进了解，改善关系。

3. 激发和保持下属的进取精神

当提升一名工作人员时，正是给他增加任务之时。在他成

功的时候，要对他提出更高的要求；而在他不得意时，千万不要过分严厉，否则会毁灭了他的进取精神。

4. 不能随便变动职员的工作

因为技能是不能互换的，一个人在一个领域里具有专长，不等于在另一个领域里也有经验和专长。

5. 敢于放手让下属独立做事

作为一名领导，一个人无法做好所有人的工作，只能鼓励下一级的人去干，下一级再鼓励他的下级去干，绝不越位去干本应属下级干的事。

领导要做分配工作的内行

一个能干的领导，定能将员工工作分配得极为妥当，引发他们的工作积极性，否则员工会有抵触的心理。

工作分配如果不妥当，就易造成员工的不满情绪。分配工作虽是小事，却与员工的士气大有关系，所以千万不可忽视。

世界上的人才成千上万，有全才，有偏才；有鬼才，有怪才；还有雄才，有奸才。但无论什么样的人才，都各有其用，关键在于领导如何使用。使用正确，则一切尽在掌握之中；任用不当，则危机四伏，大局不定。善于用人的领导，适时升降，恰到好处，觉得人才遍地有；拙于用人的领导，乱用一气，适得其反，直叹人才实在难找。可见，用人也须讲究方法与艺术，并非随心所欲。

作为领导，应如何分配工作呢？

1. 注重眼前，兼顾长远

分配工作，领导应首先考虑下属的能力，并保证总体目标的实现。但是，如果总是按照下属的能力"量才使用"，员工就会产生懈怠心理，就会丧失活力和后劲乏力。

高明的方法是既要做到注重眼前的任务，又要兼顾员工长远的发展，即对员工的培养。

比如，对精兵强将要力求少分配或不分配单调、重复、琐碎的工作，而是让他们在重点单位和关键环节上发挥作用、施展才华、锻炼提高；对能力比较弱的员工既要交任务、压担子，又要教途径、讲方法，使其在完成任务的同时，不断提高业务水平和工作能力；对长期在一个岗位上工作而满足现状、成绩平平的员工要适时放到新的环境或扩大工作范围，调节其工作情趣，激发其进取意识，让其保持经久不衰的工作积极性。

2. 公平合理，量才使用

企业管理者对下属要有一个完整的评价，要对每位工作人员的个性有基本的了解，对其喜欢做什么工作，还能做些什么新工作，以及工作能力、工作态度等，有一定的认识，然后根据不同工作的不同性质用人。

比如，对能力强、潜力大的员工可增加工作任务，提高工作难度；对踏实认真负责的员工，可适当加大工作的负荷量；

对工作状态下滑的员工，布置任务时要注意加以指导，提升其积极性和成就感。

具体工作虽然因人而异，但是大方面应保持公平合理，否则员工必然会因为工作的多寡、难易不同而怨声载道。

3. 用人协调，强弱互补

做到用人协调，就是要合理用人，设法使组织保持一种科学而合理的结构，各种人才比例适当，相得益彰，实现相互补充，取长补短。

比如，就年龄方面而言，一般来说老年人深谋远虑、经验丰富，但思想易保守、固执；中年人思想开阔、成熟老练，但创新精神锐减；青年人思想解放、敢想敢干，但缺乏经验和韧性。如能将这三个年龄段的人才合理搭配，梯次配备，就可以充分发挥各年龄段的自然优势，获得理想的整体效果。

当然，这里说的合理搭配并不是要搞平均主义。总体而言，较为合理的方式是两头小、中间大，即以中年人为主，兼用老年人丰富的经验和青年人敏锐的创新精神。

4. 设定期限，表达信任

给下属规定一个完成工作的期限，让他知道，除非在最坏的环境条件下才能推迟完成工作的期限，向他讲清楚，完成工作的期限是如何设定的，为什么设定这个期限是合理的。另外，还要制定一个报告工作的程序，告诉他何时带着工作方面的信息向领导报告工作。同时，领导也要向他指出对工作的期望结果，使他明确要求。

最后，领导要肯定地表示自己对下属的信任和对工作的兴趣。像"这是一件重要工作，我确信你能做好它"这样的话，可以对下属发挥很大的激励作用。总之要记住，分配好工作，不仅能节约时间，还可以创造出愉快的工作气氛。

领导正确指导，员工人人效劳

作为领导，指导下属员工做好工作是其最重要的职责之一，而且指导必须是经常性的，不要等到有问题发生的时候才开始进行指导。通过经常性的指导，你才能确保员工从一开始就把工作做正确，避免员工在工作中走弯路。同时，作为领导，如果你能正确指导，当机立断，不但能赢得下属衷心的服从，还能得到很多好处。

首先，下属将对你的技巧和能力产生信心，并因此而尽力为你工作。当你能够做出迅速而准确的指导时，你手下的人就会信任你。为了能够做出这样的指导，你必须广泛收集材料加以分析。形成决定并下达命令时，你要对自己做出的指导充满信心，要表现出无论如何都不可能失败的样子。当你对员工的指导表现出判断正确、认识深刻的时候，员工就会竭尽全力为你工作。如果你能在最不利的条件下进行逻辑推理并能不失时机地利用各种有利的条件采取行动时，你手下的人就会尊重你

的高超的判断能力和指导能力，他们会心甘情愿为你效劳。

其次，你的下属对工作将会变得更加有把握和更加果断。领导应该为自己的整个组织树立起这种榜样，表现出这种姿态。如果对你的行为有把握，有决心，那么你手下的人就会对他们的行为有把握和有决心。他们自然就会成为你的一面镜子，在这面镜子里你可以看到自己的形象、你在做什么、又是怎么做的。

再次，人们都会找你征求意见和寻求帮助。当你能够做出正确而及时的指导时，人们就会有所感触，将你视为解决难题的专家。这样的名声将会提高你在整个组织中的地位。有些人常随便请领导来解决一些问题，这种打扰有时的确让人感到很烦，但也很重要，可以使领导接触到许多真实的想法。

最后，它将使你摆脱挫折。没有自己做决定的能力是一个人遭受挫败的重要原因，这不仅表现在领导力方面，也表现在人们解决个人问题方面。

通常领导对下属的指导可以分为三类：

一是具体指示。针对那些对完成工作所需的知识及能力较缺乏的员工，领导常常需要给予较具体的指示，将做事的方式分成一步一步的步骤传授给他并跟踪完成情况。

二是方向引导。对那些具有完成工作的相关知识及技能但偶尔遇到特定的情况不知所措的员工，领导应给予适当的点拨及指引。

三是鼓励建议。对那些具有较完善的知识及专业技能的人员，领导应给予一些鼓励或建议，以达到更好的效果。

同时，领导要善于选择适当的指导契机。一般有如下四种情形发生时，可用到日常指导的技巧：

（1）当员工希望你对某种情况发表意见时。例如，在绩效管理回顾阶段或员工过来向你请教问题时，以及向你征询对某个新想法的看法时，如改进流程的新点子。

（2）当员工希望你解决某个问题时，尤其是出现在你的属下工作领域中的问题。

（3）当你发现一个需要采取改进措施的机会时，例如，当你注意到有某项工作可以做得更好、更快时，你也可以指导他人采取措施，改进作法，适应企业、部门及流程的变化。

（4）当你手下的员工通过培训掌握了新的技能，而你希望鼓励他们运用于实际工作中时。

唯有掌握了指挥的具体方法，把握了具体指挥的时机，你才能够让下属高效率地工作，让每个员工都能发挥出自己的价值。

掌握和培养正确指导的能力

做到正确指导，你就需要学会正确制定决策的技巧。它能够使你驱散自己恐惧失败的心理，能使你在处理有困难、有压力的问题时获得信心。不仅如此，你还会发现随着你的决断能

力的增强，你领导下属的能力也会大大地提高。

那么，如何才能正确指导员工工作呢？

首先，要有指导的能力。如果你想提高指导能力，那就必须有勇气，还得有真才实学。你必须善于研究和分析问题，抓住事物的本质，对当时的形势做出迅速而准确的评价，只有这样，你才可能做出正确、明智、及时的指导。

在条件极其不利的情况下，你必须运用正确的逻辑推理、常识性知识和分析判断能力，迅速地确定应该采取什么样的行动才不至于失去转瞬即逝的大好机会。除此而外，你还需要有相当的预见能力，以便能够预见在你的决定实施以后可能发生的情况和反应。当形势需要对原来的计划进行修改的时候，你要采取迅速的行动对原来的指导做必要的修改，这样会加强手下人对你作为他们的领导的信心。

其次，要学会安排工作的先后顺序。当知道何种工作可以由别人来做的时候，你就可以把它们分配出去，不要再去费心考虑它们。对于那些剩下来的必须由本人亲自处理的事情，你也得分出主次和先后，懂得处理这些问题的方法。

你可以把问题排出个先后顺序，各种问题就会迎刃而解。具体做法是：现在就把急于要办的事列出一个顺序表来，然后按照主次依次处理，在同一个序号下不要列出两项工作。在列出了工作顺序之后，就全力以赴地解决一号问题，一直要坚持到做完为止，然后再用同样的办法去处理二号问题。不要担心这样做一天只能解决一两个问题，事实上，这样做会逐渐解决以往日积月累下来的许多问题。这样一来，你真正关心、真正着急的事情，马上就可以解决了。你也要让下属根据他们工作的主次和先后列出工作日程及顺序表，也让他们按照同样的办法去做。这样，他们就会做好分内的工作。简单点说，要实行急事先办的原则，一次只办一件事。就算这样仍然不能解决问题，也不要采取其他办法，一旦使这个系统运转起来，就要坚持到底。

学会了上述方法，你只需要使用自己的决断能力去确定三件事即可：可由别人来做的事情；只有你才能做的事情；你自己工作的先后顺序以及你分配给别人的工作。

最后，要掌握制订计划和下达命令的技巧。一旦你已决定要做什么事情，那下一步要做的就是制订一个详细的计划和下达命令。如果想达到预期的结果，你的计划必须切实可行。

明确的任务必须分派专人去处理，各种须供应的物资和设备必须齐备。为了确保最大限度的合作，每个人和每个团体的积极性都必须充分地调动起来。为了推动中间环节的进行速度，最后期限必须明确地固定下来。总而言之，这个执行计划必须能回答：为什么这项工作必须得做？什么事情必须得做？谁来做？在什么时候、什么地方，如何去完成这项工作？

你认为计划做得比较充分之后，下一步要做的就是向下属发布口头命令或者书面命令。命令必须发布得清楚、准确，不能让人有任何误解。制订计划和发布命令都是工作的关键，也是作为领导者责任的一个主要部分。如果你想得到驾驭下属的

能力，以上这些就是必须具备的。

当你掌握了以上技巧的时候，你也具备了基本的正确指导能力了。

指导时的"不要"和"必要"

领导指导员工工作时，还需要注意以下几件事是不能做的：

1. 要求永远正确

有的人做什么事情都下不了决心，甚至像买一件衣服、一双鞋这样的小事都拿不定主意，有的时候就连晚饭该吃什么都犯犹豫，其原因说来说去就是害怕有什么不当的地方。其实，人不可能是永远正确的，即使犯了什么错误，如果能做到及时更正就不会使错误继续发展下去，就会减少不必要的损失。无论什么时候，只要你发现自己的决定错了，就要立刻下令停止，重新修改，以减少不必要的损失。你拒绝承认自己的错误时，通常都会把事情弄得更糟。承认你错了并不等于承认你愚蠢，可是，当你明知自己错了而又不想改变主意，顽固地坚持自己的错误，这就是愚蠢的表现了。

2. 混淆客观事实和主观意见

你的指导是建立在坚实的事实基础之上的，而不是建立在感觉之上的。如果不能把客观事实和主观意见分离开，就会有各种各样的烦恼。

3. 在不了解足够的情况下就匆匆做出决定

缺乏对情况的足够了解往往会做出错误的决定。诚然，有的时候你不可能得到你所需要的全部事实，但必须运用以往的经验、良好的判断力和常识性知识做出一个符合逻辑的决定。但是你要为图省事而不去收集可供参考的各种事实资料，那可是不能让人原谅的。

4. 害怕别人说三道四

有很多人不敢大胆说出自己的心里话，因为他们害怕别人可能有什么想法，更怕遭到别人的议论。他们犹犹豫豫不敢宣布自己决定的主要原因是害怕别人批评。希望别人尊敬是人类最基本、最自然的一种愿望，但那也是有限度的。要记住，你不能干涉别人想什么或者说什么，你只对你自己说什么或做什么负有责任。

5. 不要害怕承担责任

对于有些人来说，做出一个决定使他们感到软弱无力。这种恐惧是紧密地与害怕、失败相联系着的。多数心理学家认为这是商人走向成功的最大障碍。然而，如果你由于害怕承担责任而不采取行动，那么你将一事无成。如果你发觉自己走上了错误的道路，不妨迷途知返，重新开始。除了死亡以外几乎没有什么事情是不可避免的。敢于承认错误，敢于把错误的决定改成正确的决定，是一个人的领导能力和智慧的标志，也是其走向成功的一种象征。

此外，还有你需要做的事：

首先，对自己的任何行动都要充满自信，要心情愉快地承担起自己的全部责任。做事不要拖拉，不要拐弯抹角。

其次，收集事实，下定决心，要完全相信自己是正确的，以此发布你的命令。要重新检查你做出的决定，以便确定它们是不是正确和及时。

最后，分析别人做出的决定，如果你不能同意，就要确认一下不同意的理由是否正确。要通过研究别人的行动以及吸取他们成功或失败的教训来拓宽自己的视野。做你不敢做的事情，从而得到做那件事的能力。

六步让下属贯彻自己的意图

下面是帮助你贯彻意图的六条指导原则，请务必牢牢记住。

1. 要事先想到任何可能出现的不测

永远要在事前考虑有可能发生的、会将你的全部计划毁于一旦的每一个不测。能做出正确而及时的决策需要依靠对形势准确的评价。要使用那句问话："如果……怎么办呢？"这样你就会强迫自己去考虑可能把事情办糟的每一种可能。那些缺乏预见能力和对失败的因素估计不充分的领导人员常常会失败。

2. 向关键的下属征求意见

在做出最后指导之前，最好向下属征求一下意见，听听他们对你的指导的看法，吸取一下他们的经验。在听取了他们的意见之后，征求意见的阶段就告结束，这时你就可宣布你的最后意图，从那时起，你就有权力期望下属全力支持并竭诚执行你的决定和服从你的命令了。

3. 把握宣布你的意图的适当时机

选择适当的时机宣布你的决定是非常重要的。一定要让归你领导的领导人员有充分的精神准备和时间安排，不能让他们措手不及，否则他们会没有足够的时间去制订他们自己的计划，如何让他们来贯彻你的意图？最主要的一点是，不要对你下属的下属宣布你的计划和命令，这样会使你的下属为难和被动。他们向自己的下属说什么，那是他们的事，你不可越俎代庖。

4. 鼓励下属以变应变

什么形势都不可能是一成不变的，错误随时都可能出现，意外事件随时都可能发生，你要鼓励下属对当前的形势做出自己的评价，当出现错误或者发生意外事件时，要及时重新制订适应新情况的计划。

5. 要让下属充分了解全局

你做出了正确而及时的决定以后，应该能让所有该知道的人都知道。你一定要保证每一个人都知道你的意图。如果做不到这一点，就难免出大错。如果你未能把自己的意图和执行计划告诉给某一个关键的人而出了大错，那责任应该由谁来负

呢？问题又岂止是该由谁来负责呢！由于缺乏沟通而造成的错误往往比故意不服从造成的错误还要严重，只有让下属了解全局，你才能更好地贯彻你的意图。

6. 要重视你的意图的长远影响

仅仅考虑你的意图会有什么眼前的利益和作用是远远不够的，你必须能够预见它将有什么长远的作用和影响。要记住，当你的下属开始贯彻你的意图的时候，事态就会发生连锁反应。

最后切记，不要让你今天的指导，给明天领导下属带来种种麻烦！

第6章

美即好效应：唯才是举，而非以貌取人

美国心理学家丹尼尔·麦克尼尔指出：面对一个外表英俊漂亮的人，人们很容易误认为他的其他方面也很不错。这被称为美即好效应。生活中，很多人都会犯以貌取人的错误，有的管理者也不例外。

人不可貌相，海水不可斗量。以貌取人，或是对一个人的能力以偏概全，你可能会丢失很多宝贵的东西。领导要摒弃以貌取人的观念，坚持唯才是举，全面客观地选择任用人才。

相貌不等于能力，以貌取人不可取

某些领导择才爱以貌取人，对相貌好、讨人喜欢的就关怀有加，对那些相貌平平的就避而远之。这其实是一种不正常的现象。

仔细分析一下，以貌取人也是事出有因。人的心里总会形成一种思维定式，如果看一个人不顺眼，很可能对这一长相的人都看不顺眼，因此一旦遇到同一长相的人来到身边就会排斥。如果遇到长得好看的，人们一看心里就舒服，很自然地乐意往下谈。有人说："美丽是比任何介绍信更为伟大的推荐书。"此话真是一语中的。有一种人相貌平平，但有一张"甜嘴"，虽貌不惊人却会迷倒不少人。他们善于迎合领导的心理，说起事来好像头头是道。这些人是否真的有才能姑且不管，但领导倾向选择好看的、会说好话的，这种择人态度是不对的。

事实上，其貌不扬而有才能的大有人在。他们虽相貌一般，但有一颗善良的心，是有经验之才。领导者对这些人若疏而远之，就会失去很多。齐宣王的成功正是得益于不以貌取人。当时齐国有一丑女子，名叫钟离春，以才识知名。齐宣王听闻后下令召见她，问其治国安邦之道，钟离春从容应答、纵论国事、分析利弊、高瞻远瞩、策论服人。于是，齐宣王就按钟离春之策，传令拆渐台、罢女乐，退谄谀、招直言、立太子并拜钟离春为王后。这样，在钟离春的辅助下，齐国日益富强。齐宣王选人不以貌取，还把钟离春立为王后真是难得。

现实中，某些领导者偏好以貌取人是不对的。原因很简单，相貌并不等于能力，相貌好也不一定就能办事。许多员工相貌堂堂却是"白痴"一个，什么都干不了，那领导者花了钱请这些人不是白搭了吗？

人不可貌相，海水不可斗量

"人不可貌相，海水不可斗量。"这是中国的一句古语。泰戈尔也说过："你可以从外表的美来评论一朵花或一只蝴蝶，但不能这样来评论一个人。"以相貌取人没有丝毫的科学根据。事实上其貌不扬的人有不少很有才学，而相貌出众的人也有不少平庸之辈。

澹台灭明是武城人，字子羽，他长相丑陋，欲拜孔子为师。孔子看了他的容貌，认为不会有大的出息。因子羽是他的学生子游介绍来的，所以孔子虽看不起他，还是将他收留为弟子。澹台灭明在孔子那里学了三年左右，孔子才知他是貌丑而德隆的人，所以说"以貌取人，失之子羽"。子羽学成后曾任鲁国大夫，后来南下楚国。他设坛讲学，培养了不少人才，成就了当时儒家在南方的一个有影响的学派。

管理者仅凭表面判断，必然导致"以貌取人，失之子羽；以言取人，失之宰予"。

领导最应注意的是那些"不可貌相"之才。他们虽然相貌一般，但才气不少。他们或许碰壁多次，也可能由于同样的原因而未被重用，若领导对其能以诚相待，委以重任，那么他们定会一心一意地跟随你。在多次接触之后，领导一定会发现他们的才能。如果选任得当，奇迹在不经意中也就创造出来了。固然，某些行业选人时不可避免地要考虑人的相貌，比如服务行业，但也不应只看外表不重能力。

管理者用人必须学会综合考察。尽管有很多人在研究人才的科学测试方法，也出现了不少人才测评软件，但人毕竟不是机器，任何试验手段都无法完全准确地定义、评价人才。因为人是千变万化的，人在不同的环境和情景下其情绪和表现是不一样的，加上人的一些本能反应，往往会出现种种假象。

管理者只有深入调查、综合考核，才能较为准确地评价一个人，才能发现真正的人才。

走出凭印象用人的误区

凭印象用人的原因往往是领导对自己十分自信，或者说感性占了上风，凭借自己对某些下属良好的印象而重用他，这是领导的又一大忌。

凭印象用人常常使得一些巧言令色的小人有可乘之机。他们对领导唯唯诺诺、投其所好，让领导觉得这个人用起来很合自己的心意。没有哪位领导喜欢用不好用的人，领导往往在自己的头脑中盘算："甲最听话，乙不行，总是跟我作对。"在遇到较为重要的事情时，自然就会把事情交给甲做，对于甲是否真的比乙更胜任这项工作领导就说不清了，反正印象中甲比乙好用……领导凭印象用人常常使自己蒙在鼓里，因重表面而忽略事物的本质。久而久之，下属争相投你所好，在你感觉形势一片大好之时实际上已是积重难返、众叛亲离时，最后你才发现坏事的恰恰是你认为用起来最顺手的人。

凭印象用人，觉得谁看起来更顺眼就用谁，是件很危险的事。相传，当年乾隆用和珅是因为和珅的长相特像一位已故的妃子，而这个妃子是乾隆非常宠幸的。我们今天评论清朝从乾隆后期开始衰败，和珅是一个不可忽视的因素。

凭印象用人还有先入为主的原因，就是如果某位下属做一件事做得比较令人满意时，以后再遇到其他类似的事情，领导常常先入为主不假思索地考虑用他，这种行为其实是领导者懒惰的表现。他不认真考虑下属工作人员的分工配备，一旦某人干某件事情比较出色，便以后什么事情都找他做，而懒得花时间去仔细地分析、考察每个人的实际能力，尤其是不同的人在不同的具体工作上的表现。

凭印象用人，一方面使一些庸才被领导重用，另一方面先

入为主则使不少真正的能人得不到充分地任用。因此，领导一定要克服凭印象用人的习惯，全面、客观地看待和评价人才，做到不任用任何一个庸才，将那些有真才实学的人才选拔到岗位上来。

坚持"唯才是举"的用人标准

"唯才是举"的思想在很久以前就有了，但真正作为一个用人方针是东汉时的曹操提出来的，意即大凡有用之才都应举用。以后历代明君都以此为准则大胆地用人，他们对人才的重视都是十分惊人的。对人才的看法，大致有"黄金累千，不如一贤""贤才，国之宝也""得一良将才，胜百连城壁"等等。人才比金钱更重要，比城池更有价值，用砖石筑起的长城是可以攻破的，而以人才垒起的"长城"是永不倒的。项羽以失人才而亡，刘邦以得人才而兴，历史告诉我们只有任用贤能的人才，才能兴国安邦、成就大业。

汉代刘邦虽未提出"唯才是举"，但在实际中他确实做到了唯才是举。举用郦生就是一例。在刘邦初起反秦之时，郦生贫苦潦倒，但很有战国策士遗风。听说刘邦喜结豪杰，便主动前去拜见。当他去刘邦的驿馆拜见，只见刘邦正傲慢地坐在床头张着两条腿让年轻侍女给他洗脚，对郦生却视而不见。郦生不动声色，说道："足下带兵如此，是想帮助秦国攻打诸侯各国呢，还是同诸侯各国联合攻秦？"听了这穷酸迂腐的老儒的一席话，刘邦便破口大骂。郦生接口道："足下既想一举推翻秦朝，为啥这样坐着接见长者呢？足下用如此傲慢的态度接见贤下，以后还有哪个愿意为你献计献策呢？"刘邦一听，立即停止洗足，将湿淋淋的双脚往鞋中一套，整衣而起，热情地接待郦生。于是郦生滔滔不绝地从六国的成败谈到当今灭秦的计策。刘邦听了很是佩服，立即下令款待郦生，共商伐秦大计。刘邦采纳郦生的计谋一举拿下陈留要地。此后，刘邦确认郦生果为能人，马上赐他为广野君。郦生为报答刘邦知遇之恩，还把自己有勇有谋的弟弟引荐给刘邦。事后，郦生之弟郦商为平定天下立下了汗马功劳。

上面的事例兴许较陈旧而没有一点新意，毕竟说"唯才是举"时，祖辈讲、父辈讲，今天我们还在讲。或许大家听过"乡巴佬受聘当教授"的故事吧！

1929年的一天，徐悲鸿偶然参观了一次中国画展览。宽敞的大厅里，一幅幅装裱精致的画令人眼花缭乱。但徐悲鸿看了一会儿觉得没什么意思，不少作品毫无新意、矫揉造作，使人昏昏然。正欲离开的时候，一幅挂在无人注意的角落里的画引起了他的兴趣。只见画面上几对大虾体若透明、活灵活现、笔法娴熟，徐悲鸿边看边慨叹不已：真没想到这个角落里还藏着一位这么出色的国画大师。

"哈哈，你真会开玩笑！它的作者齐白石不过是土里土气

的乡巴佬，何以称大师！"一旁的友人说。

"我不是开玩笑。我不但要拜访他，还要请他当教授！"徐悲鸿严肃地说。

几天以后，身任要职的徐悲鸿果真聘请齐白石任北平大学艺术学院教授。一年后，由徐悲鸿亲自编集作序的《齐白石画集》问世了，齐白石因此名闻天下。

刘邦、徐悲鸿的事例告诉我们，只要是人才就应大胆地举用，要尽可能地减少其他次要因素对用人的影响。识才用才，不能因噎废食。唯才是举不仅在乱世是永恒的真理，在治世也同样正确。乱世需要建奇功、打江山的人才，在治世则需要更多的建设人才。没有人才，我们将一事无成，领导也难为"无米之炊"。

值得注意的是，提倡"唯才是举"并不是完全不考虑德行。一个人即使能力很强，但如果他德行欠缺，也是难以担当重任、胜任工作的，甚至还会对社会和他人产生严重的危害。因此在以"唯才是举"的思想去提拔人才时，还要对一个人的德行加以考察，尽量选拔德才兼备之人。

择才须不拘一格，不可苛求完美

"不拘一格"的"一格"，指的是前人已有的规范或是自己的习惯。唯有破除"一格"，才能选拔到更多的人才，才能运用他人的智慧和力量成就一番事业。

《郁离子》中讲了这样一个故事：赵国有个人家中老鼠成患，就到中山国去讨了一只猫回来。中山国的人告诉他这只猫会捕老鼠，但也爱咬鸡。过了一段时间，赵国人家中的老鼠被捕尽了，不再有鼠害，但家中的鸡也被那只猫全咬死了。

赵国人的儿子问他："为什么不把这只猫赶走呢？"言外之意是说猫有功但也有过。

赵国人回答说："这你就不懂了。我们家最大的祸害在于有老鼠，不在于没有鸡。如果老鼠偷吃了我们的粮食，咬坏了我们的衣服，穿通了我们房子的墙壁，毁坏了我们的家具、器皿，我们就得挨饿受冻，不除老鼠怎么行呢？没有鸡最多不吃鸡肉，赶走了猫，老鼠又为患，为什么要赶猫走呢？"

任何事情有好的一面，自然也有存在问题的一面，我们应该看其主流。赵国人深知猫的作用远远超过猫所造成的损失，所以他不赶猫走。日常生活中确实有像赵国人家的猫那样的人，他们的贡献是主要的，比起他们身上的毛病和他们所做的错事来要大得多。如果只是盯住别人的缺点和问题不放，怎么去团结人、充分发挥人才的积极性呢？

处理事情的时候，如果一味地强调细枝末节，以偏概全，不抓住要害问题，没有重点，头绪杂乱，你就不知道从哪里下手做起才是正确的。因此无论是选人还是做事，都应注重主流，不要因为一点小事而妨碍了事业的发展。我们要用的是一

个人的才能，不是他的过失，那为什么还总把眼光盯在过失上呢？

古人把不究小节看作是一个人能否成大事的关键。他们提倡的是胸怀大局，不纠缠于细枝末节，看重的是人的才干，而不是他的问题。办大事的人，不计较小事；成就大功业的人，不追究琐事。

战国时卫国的苟变，很有军事才能，能带领500乘兵，即37500人，那时能带领这么多兵，可说是大将之才。子思到卫国，会见卫侯时向他推荐苟变，卫侯说他知道苟变这人有将才，可是，他当税务官时白白吃了农民的两个鸡蛋，所以不用他。子思听了，要他千万别说出去，不然，各国诸侯听到了会闹笑话。子思指出这种思想是错误的，认为用人要像木匠用木一样，"取其所长，去其所短"。今处于战国之世，正需要军事人才，怎能因白吃两个鸡蛋的小事而不用一员大将呢？因子思的话说到了点子上，卫侯的思想才转过弯来，同意用苟变为将。如果没有子思的推荐和教导，有大将之才的苟变就因白吃两个鸡蛋而被卫侯弃置不用了。

选拔人才要看他的大才干，不可纠缠于小过失，否则天下就没有真正的能人可用了。

第7章

贝尔效应：管理者要甘当下属的人梯

英国学者贝尔天赋极高，曾经不止一人预测，如果他毕业后进行晶体和生物化学的研究，一定会赢得多次诺贝尔奖。但他心甘情愿地选择了另一条道路——当人梯，提出一个个课题引导别人进行研究，助他人登上一座座科学的顶峰。于是有人把他这种甘为人梯的行为称为贝尔效应，也称作人梯效应。

这一效应要求领导者具有伯乐精神、人梯精神，要以大局为重，慧眼识才，放手用才，敢于提拔人才，积极为有才干的下属创造脱颖而出的机会。

发扬伯乐精神和人梯精神

宋朝太尉王旦曾经专门在皇帝面前夸赞寇准的长处，推荐他为宰相，但寇准却多次在皇帝面前痛陈王旦的缺点。

有一天，皇帝忍不住对王旦说："你虽然夸赞寇准的优点，可是他经常说你的坏话。"王旦却说："本来应该这样。我在宰相的位子上时间很久，在处理政事时失误一定很多。寇准对陛下不隐瞒我的缺点，愈发显示出他的忠诚，这就是我看重他的原因。"

有一次，王旦主持的中书省送寇准主持的枢密院一份文件违反了规定。寇准马上将此事向皇帝汇报，王旦因此受到责备。然而事隔不到一个月，枢密院有文件送中书省，结果也违反了规定，办事人员兴奋地把这份文件送交王旦，以为王旦定会报复寇准，可他没有这么做，而是把文件退还给枢密院，希望他们修正。对此，寇准十分惭愧，见到王旦时便恭维他度量大。后来，寇准升任武胜军节度使同中书门下平章事，寇准感谢皇帝对他的任用。不料皇帝却说："此乃王旦的推荐。"寇准更加敬服王旦。

王旦做宰相12年，推荐的大臣有十几个，大多很有成就。王旦身上体现出来的就是现代人所说的贝尔效应。其实，也不妨叫作"王旦效应"。

管理者应该向贝尔和王旦学习，自觉运用贝尔效应，甘为人梯。一个成功的管理者应该以公司大业为重，以集体利益为先，发扬伯乐精神和人梯精神，慧眼识才，努力养才，放手用才。

推荐人才要有大公无私的胸怀

管理者要发扬人梯精神，要有大公无私的胸怀，敢于提拔任用能力比自己强的人，积极为有才干的下属创造机会。

春秋时期，祁奚，即祁黄羊，是晋国大夫，后任中军尉。有一次晋国国君晋平公问祁黄羊说："南阳县缺个县官，你看，应该派谁去当比较合适呢？"

祁黄羊毫不迟疑地回答说："叫解孤去最合适了，他一定能够胜任的！"

晋平公很惊奇地说："解孤不是你的仇人吗？你为什么还要推荐他呢！"

祁黄羊说："你只问我什么人能够胜任，谁最合适，你并没有问我解孤是不是我的仇人呀！"

于是，晋平公就派解孤到南阳县去上任了。解孤到任后，替那里的人办了不少好事，大家都称颂他。

过了一些日子，晋平公又问祁黄羊说："现在朝廷里缺少

一个法官，你看，谁能胜任这个职位呢？"

祁黄羊说："祁午能够胜任的。"

晋平公又奇怪起来了，问道："祁午不是你的儿子吗？你怎么推荐你的儿子，不怕别人讲闲话吗？"

祁黄羊说："你只问我谁可以胜任，所以我推荐了他，你并没问我祁午是不是我的儿子呀！"

于是，平公就派了祁午去做法官。祁午当上了法官，替人们办了许多好事，很受人们的欢迎与爱戴。

孔子听到这两件事，十分称赞祁黄羊，说："祁黄羊说得太好了！他推荐人，完全是拿才能做标准，不因为他是自己的仇人，心存偏见，便不推荐他；也不因为他是自己的儿子，怕人议论，便不推荐。像祁黄羊这样的人，才够得上说'大公无私'！"

祁黄羊认为解狐是当县官的料，而自己的儿子可以胜任朝廷里法官一职，就任人唯贤地向晋平公举荐，最终连孔子也称赞他真正做到了"大公无私"。祁黄羊能够做到这一点的确让人敬佩。我们从中还能够看出，祁黄羊举贤不但能够做到大公无私，而且还察人准确。试想，如果祁黄羊能够做到不存私心地推荐人才，但是，解狐却不能很好地为民办事，不但祁黄羊失去了大公无私的美誉，而且解狐也会在心里恨他把自己往风口浪尖上推；而他在推荐儿子的时候，如果儿子根本不是一个法官的料，那么，晋平公会怎么想？所以，这个"大公无私"还要以"知人善任"做后盾。

提携人才，贵在雪中送炭

"先天下之忧而忧，后天下之乐而乐"的范仲淹，不仅是一位为官一任、造福一方的名臣，也是一位善于选择人才、提携人才的好领导。

范仲淹在淮阳做官时，有一天正在批阅公文，属下领来一个说是要面见他的瘦弱的年轻人。范仲淹见此人虽然衣衫破旧，倒也文质彬彬，便停下工作，问他姓名和来意。年轻人不愿说出自己的名字，只说自己姓孙，是位穷秀才，因生活窘迫，特来请求范仲淹帮助他十千制钱。

范仲淹没再追问，就叫人如数拿钱给了他。次年，属下又向范仲淹禀报，说去年曾来过的那位孙秀才又来了。范仲淹立刻命人将他领进来。见面后，孙秀才开门见山，仍然是再要十千制钱。范仲淹又如数给了他，并且关心地问："家中有什么天灾人祸吗？"

孙秀才十分不好意思地说："母亲年老多病，而自己是个读书人，不会耕田，不会做工，又不会经商，所以无计可施。自从流浪到此，不少人都称赞大人是位清官，爱民如子，所以才冒昧求见大人，请您赐怜。"

范仲淹听完孙秀才的话，情不自禁地想起了自己的身世：

他两岁丧父，母亲带着他改嫁给一个姓朱的人。因为家境贫穷，买不起纸笔，自己四五岁时用木棍在沙土上学习写字。稍大后得知家事，含泪辞别母亲来到应天，在戚同文门下读书。因为没钱，每天只能吃些凝固的粥块。范仲淹想到这里，更加同情孙秀才。他思忖半天，突然兴奋地告诉孙秀才："我可以帮你谋一个学职，每天动笔抄写东西，大约能挣一百钱。这样你既能安心学业，又能养家度日。"孙秀才大喜过望，即刻答应，随后就到任了。不久后，范仲淹调离淮阳，到其他地方任职去了。

这个孙秀才，名复，字明复，是山西平阳人。在范仲淹的帮助下，他的生活压力逐渐减轻了，并且有了较好的读书条件。他刻苦学习，深入钻研，学业突飞猛进。但由于进京赶考名落孙山，他一气之下跑到了泰山，专心致志读《春秋》，成了当时著名的经学家，世称"泰山先生"。

数年后，范仲淹得知孙复学业已成，并且还很有建树，就把他推荐给了皇上。接着，孙复担任了秘书省校书郎，后来又任国子监直讲，即朝廷最高学府太学的教官。当时的人听说这件事情后，都对范仲淹的慷慨相助、培育人才的行为赞叹不已。

范仲淹培养人才是尽其所能给人才提供可以生活、学习的条件，解除人才的后顾之忧。当人才怀才不遇时，又顺手帮扶一把，使得人才才尽其用。这种对人才的培养看似无心，实则是培养者的素养积累和给人才的重大机遇。

领导在下属困难时帮他一把无异于雪中送炭。但是更重要的是，领导要培养下属独当一面的能力，当下属遇到困难时能够尽自己所能为下属排忧解难，为他发挥才能开辟一条阳光大路，下属的才能就会得到更好的发挥。

善做"伯乐"，更要乐为"人梯"

这是一个知识爆炸的时代、一个人才辈出的时代。时势给我们造就了无数的人才，他们分布在三百六十行之中，有见识的管理者就是要从芸芸众生中寻出"千里马"来，让他们做各行各业的"状元"。这是管理者成功的关键一步。为此，管理者需要先做一个能识别"千里马"的"伯乐"。

要选拔人才就要有识才的眼光，不识才，何谈择才、用才和御才，又何谈事业之兴旺发达。要选才更要讲方法、讲艺术，用人不易，识才更难。

出色的领导擅于知才、识才。他能根据自己的经验与智慧去识才，展示了自己的用人艺术，尽管风格各异，但都不由自主地遵循着一定的规则。

要选到人才需要练就一双锐利的慧眼。如果谁都能识人，管理者大可不必去为人事问题而操心。但事实并非如此，管理者需要大量的人才，而大量的人才散布于民间，正等着人去发现。固然金子埋在沙子里仍是亮的，但不去发掘，又怎么会知道它是亮的呢？"千里马"隐藏在马群里，但不去辨识，又怎么能知道它是一匹日行千里的骏马呢？

尊重人才，"敢为事业用人才"是领导必须具备的胸怀和魄力。领导不仅要有"伯乐"的眼光去辨识"千里马"，发现人才、选拔人才，更重要的是还要有甘当"千里马"的人梯，为"千里马"提供施展才华的机会和舞台的"人梯精神"。

领导既要有发现千里马的眼光，更要有培养千里马的胸怀。有的领导发现人才后就用着不撒手，不给他们锻炼深造的机会，也不给其更大的施展才干的空间，只要"为我所用""用着顺手"就好。虽然做了一时"伯乐"，却不愿做他人进步的"梯子"。有些领导甚至还见不得下属好，生怕下属超过自己，给人才成长设置障碍。如果领导只做发现人才的工作，而不愿做培养人才的"梯子"，时间久了，千里马也可能被消磨掉才华，钝化成"百里马""十里马"，这对公司的长远发展是极为不利的。

领导既要公道正派地当"伯乐"，更要心甘情愿地做"人梯"，要主动为员工创造机会、搭建舞台，让他们去经受锻炼、增长才智，用"鲍叔牙力荐管仲"的大度和"萧何月下追韩信"的真诚，把优秀青年干部选拔出来，用"前人植树，后人乘凉"的胸怀让年轻有为者踩着自己的肩膀登上更高的舞台，施展更大的抱负，切不可嫉贤妒能、吹毛求疵。

领导要有"竖着是人梯、横着是桥梁、蹲着是垫脚石"的精神和胸怀，多做些"现任育种育苗、后人看花见果"的事情，让那些想干事、会干事、能干事的人才有事干、干成事，如此，才能为公司的长远发展贡献有生力量。

第8章

德西效应：把激励的法宝用好

美国心理学家爱德华·德西在实验中发现：在某些情况下，人们在外在报酬和内在报酬兼得的时候，不但不会增强工作动机，反而会减低工作动机。此时，动机强度会变成两者之差。人们把这种规律称为德西效应。这个结果表明，进行一项愉快的活动（即内感报酬），如果提供外部的物质奖励（外加报酬），反而会减少这项活动对参与者的吸引力。

管理者要特别注意正确使用激励的方法而不滥用激励，要避免德西效应，处理好精神激励与物质激励的关系，使员工的工作动机得到最大限度的激发。

为什么会产生德西效应？

在日常生活中，德西效应的现象随处可见。比如有个孩子对画画感兴趣，自己在家很自觉、很认真地在画着画，画得很投入、很开心。这时父母走进来，为了表示对孩子的关心，就说，你好好画，爸爸奖励你10元钱。结果这孩子变成了只为钱而画画，没有钱就不想再画画了。学校里，学生认真学习本来是天经地义的事，教师为了激励学生，经常发奖品，结果发现没有奖品时，学生的学习积极性会大打折扣。

为什么会产生德西效应？据研究有如下原因：

第一，外加报酬"糟蹋"了内感报酬。

内感报酬是发自人们内心的、是无价的，只宜自己感受、体验，而不宜外在标定，否则就会庸俗化，就会贬值。有些画家的画宁可分文不取送朋友，如果朋友给钱了，他反而要生气，为什么？就是因为外加报酬损害和减弱了内感报酬。因此，千万不要以为，外加报酬加内感报酬会使人的行为动机水平达到最高，实际上反而更糟糕了。

第二，外加报酬被过早地预知了。

从事某项活动一旦报酬被预知之后，其内感报酬就会大打折扣。

第三，原有的外加报酬距可被满足的水平太远，对外加报酬的要求过高。

第四，直接激励的原有强度不足、价值观念的某些偏差，均可能导致德西效应的产生。

上述这几种影响因素如能处理好，一般会降低外加报酬对内感报酬的消极影响，甚至外加报酬会在不影响内感报酬的情况下发挥积极的作用。

对于一个企业来说，薪酬虽是企业用人的一个有效硬件，直接影响到员工的工作情绪，但是每一个公司都要慎重制定薪酬标准。如果制定不好，可能会带来德西效应，不仅不能激励员工，还可能造成负面影响。对待员工，你的激励方法应该是基于员工需求的，也就是说，你必须了解你的员工，你应该知道他们想要什么。只有如此，你才能留住优秀人才，才能保证企业的竞争力。

在管理工作中，领导一定要处理好内感报酬与外加报酬的关系，也就是处理好精神激励与物质激励的关系，避免产生德西效应，使员工的工作动机得到最大限度的激发。

薪酬激励，给员工一份保障

激励的形式分为精神的和物质的。精神激励用以满足"心理上的需要"，物质激励用以满足"生理上的需要"。由于物质是人类生存的基础和基本条件，衣食住行是人类最基本的物质需要，从这种意义上说，物质利益对人类具有永恒的意义，是个永恒的追求。

现代心理学理论认为，人类的行为是一个可控的系统。借助于心理的方法，对人的行为进行研究和分析，并给予肯定和激励，使有利于生产、有益于社会的行为得到承认，达到定向控制的目的，并使其强化。这样就能维持其动机，促进这些行为的保持和发展。

金钱是物质激励中最主要的一种形式，这是一种间接满足需要的方式。从某种意义上说，金钱不仅属于物质需要的满足，而且也是精神需要的满足。这是因为它还能作为地位的标志、自尊的依据和安全的保障。

一些外国企业对金钱激励是十分重视的，认为这是激发人的动机、调动积极性的重要手段。在瑞典某调查机构"最受MBA欢迎的50家企业"的调查报告中，宝洁公司榜上有名。无独有偶，在一份"最受中国大学生欢迎的外企"的调查报告中，宝洁公司依然名列前茅。宝洁公司如此受雇员的青睐，其中一个重要的原因就是宝洁公司为员工提供了比较有竞争力的薪酬。每年，宝洁公司都会请国际知名的咨询公司做市场调查，内容包括同类行业的薪酬水平、知名跨国公司的薪酬水平等。然后根据调查结果及时调整薪酬水平，从而使宝洁的薪酬具有足够的竞争力。

有位学者说过，企业不仅仅要事业留人、感情留人，更需要金钱留人、福利留人。某个外国民意调查组织在研究以往20年的数据后发现，在所有的工作分类中，员工们都将薪酬与收益视为最重要或次重要的指标。薪酬能极大地影响员工行为——员工会决定在哪家企业工作以及是否好好干。

薪酬能提供一种保障，能够给员工一种宽慰，这就好比农民有一片好土地，在风调雨顺的时候，可以保证他能有一个好的收成。只有能够满足员工的基本生活需要的薪酬才能让员工感到安全，才能把员工留在原有岗位上继续工作，否则，员工就不得不考虑另外的工作选择。

因此，如何让员工从薪酬上得到满足，成为现代企业组织应当努力把握的课题。管理者应该为员工提供有竞争力的薪酬，使他们一进门便珍惜这份工作，竭尽全力把自己的本领都使出来。支付最高工资的企业最能吸引并且留住人才。这对于行业内的领先公司尤其必要。较高的报酬会带来较高的满意度和较低的离职率。总之，一个结构合理、管理良好的绩效付酬制度，能有效留住优秀的员工，淘汰较差的员工。

愿景激励，让期望产生动力

在企业组织中，每个员工都或多或少地有所期望，但这种期望并没有形成一种动力，就如同每个人都希望拥有漂亮的房子但却没有设计蓝图一样。因此，成功的管理者就是要发掘员工的期望，并把这种共同的期望变成具体的愿景，一旦这个具体的愿景或理想生动鲜明地体现出来，员工就会从思想上产生一种共鸣，就会毫不犹豫地追随管理者。形象地说，管理者利用明确而具体的愿景激励员工，就是充当一个"建筑师"的角色。"建筑师"把自己的想法具体地表现在蓝图上，让"建筑"的形象生动鲜明地体现出来，以此激发员工为之努力工作。

管理者要善于塑造一个共同愿景、创造共同的价值理念来激励员工。

美国电报电话公司前总裁鲍伯·艾伦发现，该公司过去的想法和做法都像是受保护的公用事业，必须改变，而且是在行业动荡不安时进行改变。公司的规划部门为关键性的战略任务提出一个定义，也就是让现有的网络承载更多的功能，开发新产品，从而符合新兴信息事业的需求。艾伦决定不用这样理性和分析性的名词来谈公司的愿景。他也不谈论以扩张竞争态势为重点的战略意图。他选择了非常人性化的名词，他说："公司致力于让人类欢聚一堂，让他们很容易互相联系，让他们很容易接触到需要的信息——随时、随地。"这个陈述表达了公司的愿景。但他用的都是非常简单而人性化的语言，使人人都能理解。重要的是，员工能对这样的任务产生共鸣并以此为骄傲。

明确的企业愿景是正当可行的，它不是公关惯用的华丽辞藻，也不是鼓舞士气的夸大宣传。所以，管理者对定义恰当的愿景应做出具体的承诺。

美国康宁公司总裁哈夫顿曾委派公司最能干、最受尊敬的资深经理人负责康宁公司的品质管理。尽管经历了一次严重的财务紧张，哈夫顿还是拨出500万美元，创立了一个新的品质管理学院，用以实施康宁公司大规模的教育和组织发展计划。他还承诺将每个员工的训练时间提高到占工作时间的5%。康宁公司的品质管理计划很快就达到了哈夫顿的愿景。正如一位高层经理所说："它不只改善了品质，更为员工找回了自尊和自信。"

让企业上下都愿意为企业愿景奉献力量，并让这样的努力持之以恒，应该是管理者追求的愿景。

当然，即使有行动的蓝图，如果没有清楚地规划实现的过程，也无法使员工产生信心。因此，规划远景的同时，还必须规划出实现远景的具体步骤。这是一个必经的过程，指的就是从现在到实现愿景所采取的方法、手段及必经之路。

激励人心，把谢意送进心坎

刘备是激励人心的鼻祖。据《三国演义》中记载，当阳长阪之战是曹操、刘备两军的一次遭遇战，骁将赵云担当保护刘备家小的重任。由于曹军来势凶猛，刘备虽冲出包围，家小却陷入曹军围困之中，赵云拼死刺杀，七进七出终于寻到刘备之

子阿斗，赵云冲破曹军围堵，追上刘备，呈交其子。刘备接子，掷之于地，愠而骂之：为此孺子，几损我一员大将！赵云抱起阿斗连连泣拜：云虽肝脑涂地，不能报也。

刘备成功"燃烧"了赵云。这把火点在赵云的心里，再也没有熄灭过。

某饮料企业有一名销售人员兢兢业业，取得了很好的业绩，年终总经理把他单独叫到办公室，对他说："由于本年度你工作业绩突出，公司决定奖励你10万元！"业务员非常高兴，谢过总经理后带上门就要离开。

这时，总经理突然叫住他："回来，我问你件事。今年你有几天在公司，陪你妻子多少天？"这个业务员回答说："今年我在家不超过10天。"总经理惊叹之后，拿出了1万元递到业务员手中，对他说："这是奖给你妻子的，感谢她对你工作无怨无悔的支持。"

总经理又问："你儿子多大了，你今年陪他几天？"这名业务员回答说："儿子不到6岁，今年我没好好陪过他。"总经理激动地又从抽屉里拿出1万元钱放在桌子上，说："这是奖给你儿子的，告诉他他有一个伟大的爸爸。"这个业务员热泪盈眶。

这个业务员激动得正要离开的时候，总经理又问他了："今年你和父母见过几次面，尽到当儿子的孝心了吗？"业务员难过地说："一次面也没见过，只是打了几个电话。"总经理感慨地说："我要和你一块去拜见伯父、伯母，感谢他们为公司培养了如此优秀人才，并代表公司送给他们1万元。"这名业务员这时再也控制不住自己的感情，哽咽着对总经理说："多谢公司对我的奖励，我今后一定会更加努力。"

同样是13万元，如果企业老总直接将钱发给这名销售人员，那效果可想而知。但是稍微下点功夫，起到的效果就非同一般了。员工心想：我能在这样的企业遇到这样体贴、关心自己的好领导，哪能不在工作上给予企业最大的回报和支持呢。

有时候企业激励员工不是多么困难的事情，只要企业的领导真的为员工着想，真诚地感谢员工，感谢员工的家属，把一份谢意送进员工的心坎，就是最好的奖励。

第9章

秋尾法则：信任是激励的最好武器

　　如果把很重要的职责搁在年轻人的肩头，即使没有什么头衔，他也会因觉得自己前途无量而努力工作。这是由日本管理学家秋尾森田提出的。也就是说重用即是奖励，信任才易胜任。

　　管理要实现最佳的状态，塑造最高的效率，前提就是管理者对下属或员工做到充分尊重和信任。尊重可以让下属有主人翁的感觉，信任可以激发下属的潜能，激发下属的工作热情。管理者给予下属充分的尊重和信任，下属才会绝对信任管理者，投桃报李，为管理者尽展其才华，为管理者带来回报。

信任——成就好员工，塑造好团队

信任是一种复杂的社会与心理现象。信任是合作的开始，也是企业管理的基石。一个不能相互信任的团队，是一支没有凝聚力的团队，是一支没有战斗力的团队。信任员工，对于一个团队有着重要的作用：

第一，信任能使员工处于互相包容、互相帮助的人际氛围中，易于形成团队精神以及积极热情的情感。

第二，信任能使每位员工都感觉到自己对他人的价值和他人对自己的意义，满足个人的精神需求。

第三，信任能有效地提高合作水平及和谐程度，促进工作的顺利开展。

刘哲是一个规模不是很大的食品公司的销售主管，在这样的工作岗位上一干就是五年。五年来，他工作认真，好学上进，偶尔还创新一下销售技能，销售业绩连年第一，深受老总的赏识。老总决定让他去深造一下，目的是给他更多的压力和机会，就以公司的名义给他在某大学报了一个在职MBA的培训课程。由于培训中接触的都是一些大企业的高级管理人才，学习机会较多，他的眼界得到了很大的开拓，企业管理和销售理念提高很多。回到公司后，刘哲先在自己的小团队里创建了一个学习小组，接下来的一年，这个小团队创造了奇迹，公司的销售规模扩大了一倍多。目前，公司已经是沃尔玛、华联等大型超市集团的优质供应商，销售规模扩张到了全国20多个省。

信任员工，让员工承担更重要、更高级的工作，对于企业的发展意义很大。

青年人的腰是硬的，撑得动大石头；青年人的梦是远的，愿意为之付出。一个有远大抱负的企业，他们的未来在年轻一代的管理者身上，他们把握时代脉搏的神经在年轻人身上。如果你希望企业在未来的竞争中占据制高点，那么给予年轻人充分的信任，着手培养年轻人一定没有错。

在"尊重"和"信任"上下功夫

在强调管理的时候，人们常常喜欢引用一句话：没有规矩，不成方圆。但是我们却忽视了这样一个事实，如果人的积极性未能充分调动起来，规矩越多，管理成本越高，所以说，企业管理最起码的一条规矩就是对人的尊重和信任。

"要尊重个人。"这条原则早在1914年老托马斯·沃森创办IBM公司时就已提出，小托马斯·沃森在1956年接任公司总裁后，将该条原则进一步发扬光大，上至总裁下至传达室，无人不知，无人不晓。IBM公司的"尊重个人"既体现在"公司最重要的资产是员工，每个人都可以使公司变成不同的样子，每位员工都是公司的一分子"的朴素理念上，更体现在合理的薪酬体系、能力与工作岗位相匹配、充裕的培训和发展机会、公司的发展有赖于员工的成长等方方面面。

管理，尤其是对人的管理，过多地强调"约束"和"压制"，事实上，这样的管理往往适得其反。聪明的企业和企业家已经意识到这一点，开始在"尊重"和"信任"上下功夫，了解员工的需要，然后满足他。

惠普中国公司原副总裁吴建中曾说过，一个好的企业和好的经理人始终牢记这一条，他的职责是帮助员工成功，如果经理用权力欺压员工，就不是一个称职的经理，至少不是一个具有现代意识的经理，怎么看他也像一个旧社会的工头。经理最重要的事情是要用他的权力、他的专长、他的影响力来帮助员工成功。经理不能让自己手下的员工不断失败、不断炒员工的鱿鱼。

让管理使人觉得亲和，让管理者与员工心理距离拉近，让管理者与员工彼此间在无拘无束的交流中互相激发灵感、热情与信任，这样的理念在优秀的企业家心中越来越达成共识。有位专栏作家参观英特尔公司时，看到当时英特尔的首席执行官葛鲁夫的格子间与员工的格子间一样大小后，很尖刻地指责葛鲁夫这种做法比较虚伪，葛鲁夫却回答说，他这样做的理由是不想让权力放大，给员工造成心理压力，以便能更好地与员工进行交流。

要让管理真正亲和于员工，管理者不仅表面上要与员工拉近距离，还要真正关心员工，不单是关心员工的家长里短，更重要的是关心员工的前途和未来，包括员工的薪水和股票，也包括员工学习的机会、得到认可的机会和得到发展的机会。

尊重和信任员工是人性化管理的必然要求，只有员工的私人身份受到了尊重，他们才会真正感到被重视、被激励，做事情才会真正发自内心，才愿意和管理者打成一片，站到管理者的立场，主动与管理者沟通想法探讨工作，完成管理者交办的任务，心甘情愿为工作团队的荣誉付出。

人性化的管理就要有人性化的观念，就要有人性化的表现，最为简单和最为根本的就是尊重和信任员工，把员工当作一个社会人来看待和管理，让管理从尊重和信任人开始。

一份信任，换取十倍回报

古人云："士为知己者死。"信任在人们的精神生活中是必不可少的。他代表一种对人的价值的积极肯定和评价，信任意味着一种激励，这种激励可以激发人们积极而热情的情绪。正如一位员工说："领导把我当牛看，我就把自己当成人；领导把我当人，我就把自己当成牛。"

魏征原是太子李建成的亲信和首席谋士，帮助太子李建成与李世民争夺帝位，李世民说他见了魏征就像见了仇敌一样。后来李世民发动玄武门事变，击毙太子李建成后被立为太子，他怒斥魏征，魏征回答道："皇太子建成如果听了我的话，一定不会有今天这样的祸事。"唐太宗听了肃然起敬，深深为魏征的忠心护主、刚直不阿的精神所打动。于是他给魏征格外的礼遇，多次召见魏征进入寝宫询问治国大计，并任命他为谏议大夫，对他敬重万分，他对魏征说："你的罪比射中齐桓公一箭的管仲还要大，我对你的信任却超过了齐桓公对管仲的信任。"魏征为唐太宗的大度和信任所深深感动，决心以其毕生的心力为唐太宗效劳。

从这个事例中我们看出：如果你给予周围的人一份信任，他会予你十倍的回报。管仲在做齐国宰相以前曾经负责押送过犯人，但他与别的押解官所不同的是，管仲并没有按预定行程押送犯人，而是让他们按自己的意愿来安排行程，只要在预定的时间内到达就可以了。犯人们感到这是管仲对他们的信任与尊重，因此，没有一个人中途逃跑，全部如期赶到了预定地点，由此可见，信任对人的影响有多大。古人云所讲的"用人不疑"，也就是这个道理，任用别人，就应该相信别人的能力。信任是激励的最好武器。

把企业交到员工手里

为了调动员工的积极性，许多企业设法让员工成为企业的主人。然而，只有充分尊重员工的权利，员工才会将企业视为自己的，才会为企业积极地工作。

美国戴那企业董事长麦克佛森的经营秘诀就是"把企业交到员工手里"。

麦克佛森让企业的"工厂领导"（厂长）直接控制自己厂里的人事、财务、采购等，这就使人事、行政、采购和财务等各部门的权力分散了。这似乎有悖经济原理，因为从理论上讲，集体大量采购是压低单价、节约费用的良方。但是，麦克佛森却认为集体采购是行不通的。"工厂领导"为每一季的目标负责，若是集体采购，在90天之后，则会有人跑过来说："本来计划是可以完成的，但是那个该死的采购领导没有准时把我要的钢铁买回来，所以我没办法达到目标，也许下一季度……"而在采购部门的权力分散后，如果有几个"工厂领导"感到有必要的话，他们就会自己联合起来压低成本。

戴那企业没有作业准则，也不用写报告，一位执行副总裁说："我们有的只是信任！"他们充分尊重每一位员工。在20世纪80年代初，时逢经济萧条，企业被迫辞退1万名员工。为此

企业每星期都要给每位员工送一份通讯录，在这份通讯录中大胆指出下一个可能裁员的是哪些部门，并指出被裁员部门的员工前途怎样。这种做法富有成效。裁员后，购买股票的员工超过80%，包括被辞退的员工。而裁员前，80%的员工只是通过自由入股计划成为企业股东的。

在麦克佛森的经营下，由于他"把企业交到员工手里"，在20世纪70年代，戴那企业的投资报酬率在财星五百大企业中跃居第二。而这家位于美国俄亥俄州托莱多市的轮轴制造企业，曾被认为"拥有有史以来财星五百大企业中最差劲的生产线"。1979年至1981年间，虽然受到经济危机的打击，但该企业却迅速恢复了元气。

这就是尊重员工、信任员工，把企业交给员工的力量所在。

赋予参与权，调动员工工作积极性

韦尔奇到通用电气后，认为公司管理人员太多，而会领导的人太少，工人们对自己的工作会比老板清楚得多，经理们最好不要横加干涉。为此，通用电气实行了"全员决策"制度，使那些平时没有机会互相交流的员工、中层管理人员都能出席决策讨论会。自实行"全员决策制"后，公司的工作在经济不景气的情况下仍取得了较大进展。

波士顿大学的心理学教授麦克莱兰说："让员工有参加决策的权力，赋予员工这种参与权，能大大调动他们的工作积极性。"

参与决策的员工会感觉到自己在集体中是受到重视的。他们一旦参与决策，感觉领导把自己看作集体获取成功的重要角色，当然就会投入更多精力，增强责任心，为部门或公司创造业绩。

参与决策的员工之所以能做好日常决策，能从公司或部门那儿直接获取准确信息也是重要因素。不愿意与他人分享信息或不赞同员工参与决策的管理者通常要么是抱怨员工，要么就是自身难以做出好的决策。员工要做出有创造力的、好的决策，必须能得到准确的、及时的信息。如果管理者能够及时提供信息，并且对员工表示出相信他们有能力做得很好，他们往往会做出有效决策。

参与决策的员工会把做出决策当作自己的切身责任，有了这种责任，即便决策实施在后期变得很糟，他们也会竭尽所能来改善它，使其有所转机。每个有责任心的人都会如此。员工参与决策，会使企业成功的机会大为增加，即使决策中的某一部分对部门或公司有失远见或没有价值，小组的所有成员也会尽心尽力，不让结果与所期望的有所偏离。

参与决策的员工将更注意如何培养自己解决远景发展方向问题的能力，而不是谴责当前本企业管理上的某些不合理问题。以往，因为员工没有参与企业决策，经常有这样的评论：

"这又不是我的决定。""这是谁的聪明主意?""一百年这也无法实行。"这些言论说明了两点:第一,员工对此决策压根儿不满;第二,决策失误,决策者对它能否成功本来就没有把握,使员工有了埋怨对象。

员工参与决策时的精神与动力,在组织内显得颇为重要。人们若是参与了决策,就会知道自己对公司或部门的成功起着重要作用。而一旦认识到自己的重要性,对工作就会有忘我精神、极大的热忱和不懈的动力。

参与决策的员工做出的决策,若能对工作有很强的推动力,管理者就有了闲暇致力于部门的发展问题。就像怎样使公司或部门进一步发展壮大,取得更卓越的成绩这类关于公司远景发展方向的问题,管理者也可放心让员工处理。这样,管理者将会有时间去研究顾客的需求与不满正发生什么样的变化。有了这些新信息,企业管理者也可组织一下讨论:例如随着顾客需求的变换,市场将会出现什么转变?另外,管理者也将有充裕的时间考虑有关改善工作程序和工作方法等方面的问题。

第10章

罗森塔尔效应：适当赞美能使平庸变骨干

美国心理学家罗森塔尔指出：人们会不自觉地接受自己信任和钦佩的人的影响和暗示。赞美和鼓励是引发一个人体内潜能的最佳方法。管理者应该而且必须赏识你的下属，让他们感到你积极的期许和希望。积极的赞美会使你的员工向更好的方向发展，能够更好地发挥他们的积极性、主动性和创造性。

赞赏——赞出好员工赏出好业绩

身为管理者，要经常在公众场合表扬有佳绩者或赠送一些礼物给表现特佳者，以资鼓励，激励他们继续奋斗。一点小投资，可换来数倍的业绩，何乐而不为！

从前，有个王爷，他手下有个著名的厨师，他的拿手好菜是烤鸭，深受王府里的人喜爱，尤其是王爷，更是倍加赏识。不过这个王爷从来没有给予过厨师任何鼓励，使得这个厨师整天闷闷不乐。

有一天，王爷有客从远方来，在家设宴招待贵宾，点了数道菜，其中一道是王爷最喜爱吃的烤鸭。厨师奉命行事。然而，当王爷夹了一条鸭腿给客人时，却找不到另一条鸭腿，便问身后的厨师："另一条腿到哪里去了？"

厨师说："禀王爷，我们府里养的鸭子都只有一条腿。"王爷感到诧异，但碍于客人在场，不便问个究竟。

饭后，王爷跟着厨师到鸭笼去查个究竟。时值夜晚，鸭子正在睡觉，每只鸭子都只露出一条腿。

厨师指着鸭子说："王爷你看，我们府里的鸭子不全都是只有一条腿吗？"

王爷听后，便拍了拍巴掌，鸭子惊醒，都站了起来。

王爷说："鸭子不全是两条腿吗？"

厨师说："对！对！只不过，只有鼓掌拍手，才会有两条腿呀！"

要使人始终处于施展才干的最佳状态，唯一有效的方法，就是表扬和奖励，没有什么比受到上司批评更能扼杀人的积极性了。

美国玫琳凯公司总裁玫琳凯曾说过，世界上有两样东西比金钱和性更为人们所需，那就是认可与赞美。金钱在调动下属的积极性方面不是万能的，而赞美却恰好可以弥补它的不足。因为生活中的每一个人，都有较强的自尊心和荣誉感。你对他们真诚地表扬与赞同，就是对他们价值的最好承认和重视。能真诚赞美下属的管理者，能使下属的心理需求得到满足，并能激发他们潜在的才能。打动人的最好的方式，就是真诚地欣赏和善意地赞许。

赞美让员工达到巅峰状态

管理者能让员工达到巅峰状态的重点是"激励"。管理者懂不懂专业技术这不是重点，懂得如何凝聚适合的人才，如何改善缺点，如何发挥优点，如何激励别人达到巅峰状态，这才是领导的重点，利用赞美激励员工的士气往往会起到事半功倍

的效果。

在玫琳凯化妆品公司中，赞美是最重要的，公司整个的行销计划都以它为基础。在各种场合中，公司总是不吝惜地给予赞美。

例会上的赞美：玫琳凯公司每个地区的分公司每周的例会上都会有这周销售最佳人员的成功经验的讲述和分享，这是一种别样的赞美。主持人在介绍最佳销售员的时候，每一个美容顾问都会毫不吝啬自己的掌声。

缎带的赞美：在玫琳凯公司，每位美容师在第一次卖出100美元产品时，就会获得一条缎带，卖出200美元时再得一条，并以此类推。这种仅需要0.4美元的礼物奖赏远比用100美元的礼物盒有效。

别针的赞美：玫琳凯公司每一位美容师都会以佩戴各种各样形式各异的别针为荣，这些别针在美国达拉斯设计制造，然后用飞机运到世界各地，用以奖励在销售产品时有优异销售业绩的美容师。每个别针都有不同的含义，比如其代表最高奖赏的镶钻石大黄蜂别针：大黄蜂身体很笨重，要飞起来相当不容易，它象征玫琳凯的女性在身负家庭的各种负担的情况下，还能获得如此优异的成绩，是非常不容易的。在每一个不同的阶段，当你有了一些进步和改善的时候，玫琳凯都会奖给你各种不同意义的别针，别针是女性非常喜欢的装饰品，尤其是象征荣誉的别针。

《喝彩》杂志的赞美：《喝彩》是玫琳凯公司内部发行的

杂志，这本杂志的最主要目的就是给予赞美，它的发行量和许多全国性的杂志不相上下。上面刊登每月世界各地最优秀的销售员、最优秀的培训员、各种竞赛活动及其获奖情况，详细介绍优秀的美容师和培训员，还有这些优秀女性的成功经验及成长体会。这个杂志每月一期，以不同的国家为单位发行，使玫琳凯美容师在公开赞美中分享经验。

粉红色凯迪拉克的赞美：玫琳凯的区级指导员是蓝色的套装，再高一个层级是粉红色的套装，当你做到可以穿黑色套装的时候，玫琳凯公司就会同时奖励你一部粉红色的凯迪拉克轿车。世界上粉红色的凯迪拉克轿车的主人全部是玫琳凯的全国性指导员，开车走在外边，玫琳凯人都知道这代表玫琳凯的一位资深而优秀的美容师，这样不仅在公众场合赞美了玫琳凯的优秀美容师，同时也为玫琳凯公司做了宣传，粉红色的凯迪拉克轿车成为玫琳凯公司"到处跑的广告"。

赞美的力量是不容忽视的，有时甚至比金钱更重要。把赞美运用到企业管理中，往往能起到意想不到的激励效果。作为领导，首先应该明白自己员工的心理，其次学会赞美下属。

领导会赞美，平庸变骨干

每一个人在内心深处都渴望别人的赞美与夸奖。每一个人在数千人的注视下，走到领奖台上领取奖章、鲜花或是证书都会有一种很奇妙的感觉。每一个人发现自己的名字出现在本公司刊物里的奖励名单里，都会感觉良好。"原来我也可以很有名的。"这种被大众所承认的感觉要远比几十块的奖金更加激动人心。

赞美在建立一个人的自信上有着神奇的功效。中国的大学生比起高中生来，明显地更有自信、更开朗，做事能力更强。有人由此做过调查，结果发现很重要的一条原因就是大学生在学校里受到的正面的、积极的鼓励要远比在高中时多得多；相对而言，大学的老师更知道赞美的重要性，更多的是把学生当作一个真正的成人看待。

同样，管理者的赞美对于员工有着莫大的激励力量。赞美员工会激发他的自信，员工会更加努力，更有勇气去尝试，如此积累，将来员工能取得很大的成功也不稀奇。

赞美员工并不仅仅只是口号或者是印在纸上的一句话，它表现在公司活动的方方面面，渗透在高层主管的一言一行中。

比如说，每个公司都会遇到工作场所里桌椅的摆放、电脑屏幕是对着门还是应该背着门等，让员工来挑，肯定是希望电脑屏幕背着门，说不准什么时候聊个天呢？发一封私人E-mail也感觉心里不安全；让主管来挑，自然是希望电脑屏幕对着门，现在都网络化时代了，员工在工作时间干自己事情的实在不少，视窗可以切换屏幕，打网络游戏还花公司的上网费，是可忍孰不可忍？那么究竟怎么摆放呢？老板说了算，还是跟员工商量着办。这一点小事就会反映出老板的管理风格。老板可能会觉得，这是芝麻绿豆大点的小事，应当由我做主。但员工们不会这样想，一点点小事就有可能让他们感到自己不受尊重，自己用的桌子，自己的办公场所，当然应该自己做主。他们会把这件事上升到对老板评价的高度，会上升到管理者是否尊重员工的高度。

作为管理人员应当懂得，每一个员工都需要赞美来保持自信。如果你愿意，你总是可以找出无数的机会，来夸奖你的部下，发自内心地称赞他们。你的每一次赞美，对员工都是莫大的鼓励，都会促进员工改变自我，最终让员工从平凡走向优秀。

及时表扬员工的每一个进步

事业之初，下属往往会感到艰难和孤独，在失意之时听不到一句鼓励的话语，成功时也没人向他们祝贺。在这个时候，如果得到的即使是片言只字的表扬，那也是令人兴奋不已的，从而也就使其更加坚定了信心，努力把事情做好。

有些人以为，只有大的成功才有意义去表扬，小成绩无足轻重。其实这种理解是片面的，并没有考虑人的内心欲求，特别是在最初工作时的孤独与艰难。

当一个下属初次走上一个工作岗位时，他会对这里的环境很陌生，如果在做出一点小成绩时就得到了领导的表扬，那么他的信心一下就树立起来了。在这方面有个叫卡雷的人做得不错。

担任企业资源开发公司总经理的麦克斯·卡雷，在1981年创立以亚特兰大为中心的销售和市场服务公司时，就曾经历过步履维艰的困窘。当时，他的手下只有一个临时雇员。按他的话说："大的成功离我们太遥远。我们几乎感受不到任何激励。"他想出了一个决定：每次获得一个小成功都要自己庆贺一番。

卡雷出去买了一个警报器，还配了扩音器，这样就能发出救护车的声音。如果他在电话中宣传自己的产品时能绕过培训部主管，直接与那家公司的总经理通话，就要鸣笛庆贺一次；如果收到一大笔订货，警笛也会鸣响。如今，他的公司已拥有100多万美元的资产和11名雇员。每个星期，警笛声要在公司内回荡10次。每当知道有好消息时，大家都要出来听他们的同事对刚刚取得的成功吹嘘一番，这也为大家提供了互相交流的机会。卡雷说："我们的雇员经验还不够丰富，无法取得巨大的成功，所以这种庆贺也是一种很大的鼓励。"正是用这些小进步来临时地表扬鼓励，使卡雷的公司取得了惊人的成绩。

请记住：要表扬员工的每一个进步，不管这进步有多么微小。

赞扬五原则——这样赞扬员工最有效

赞扬下属，不仅要符合赞扬的基本要求，而且需要管理者掌握具体的赞扬原则。只有赞扬运用得当，才会起到事半功倍的效果。管理者赞扬不当，就可能起到消极作用。

赞扬并不是靠随便说几句好听的话，就能奏效的。管理者必须遵守具体、真诚、及时、如实和适度等原则。

1. 赞扬要具体

是指管理者要言之有物，用事实说话。这个事实，不仅指工作做出成绩，也包括被赞扬者为克服种种困难而做的努力和付出的心血。赞扬只有言之有物，有血有肉，道出了被赞扬者付出的心血之所在，才能使人感到赞扬者观察得细致入微，从而激发被赞扬者的知音效应，产生出"士为知己者死"的精神动力。

2. 赞扬要真诚

是指管理者赞扬人时态度要诚恳热情，发自内心，而不能面无表情，敷衍应付。人们都有喜真恶伪的天性。只有真诚的东西，才会被人所接受。赞扬也不例外，管理者只有以真诚的态度去赞扬人，才能唤起下属的热情，愉快地接受赞扬。

3. 赞扬要及时

一个人工作表现好，取得好成绩，提出好建议等，管理者都应及时地给予肯定。如果管理者对好人好事漠不关心、视而不见，或认为这是理所当然，不做任何表示，那么员工的好行为就难以持续下去，甚至会感到自己的好行为没有得到认可，产生"干好干坏一个样"的想法，导致消极因素的产生。

4. 赞扬要如实

是指管理者的赞扬要实事求是，恰如其分，掌握好赞扬用语的分寸。管理者对那些确实值得赞扬的人和事给予恰如其分的赞扬，才能起到鼓励他人前进的作用。

5. 赞扬要适度

是指管理者赞扬的人数、次数要恰当，赞扬的标准要适中。首先，管理者赞扬的人数要得当。赞扬人数过少，容易使受赞扬者产生离群感、孤立感，使其他人产生与己无关的心理；相反，如果人数过多，员工也会由此产生"干好干坏一个样"的感觉，形成"你好我好大家好"的局面。这就失去了激励的作用。其次，管理者赞扬的标准要得当，不能过高或过低。管理者赞扬的标准过高，容易使下属感到高不可攀，望而生畏，从而失去争取赞扬的动力；赞扬的标准过低，容易使下属感到唾手可得，易如反掌，同样会失去调动积极性的作用。

第11章

木桶定律：让所有"木板"维持最高度

　　水桶定律由美国管理学家彼得提出。其核心内容为：一只水桶盛水的多少，并不取决于桶壁上最高的那块木块，而恰恰取决于桶壁上最短的那块。

　　水桶定律也称为短板效应。个体的短板是影响整体水平的关键因素，任何一个组织，都可能面临一个共同问题，即构成组织的各个部分往往是优劣不齐的，而劣势部分往往决定整个组织的水平。管理者要善于整合团队资源，让所有的人都能在维持在一个"足够高"的相等高度，以充分发挥团队的整体作用。

不要忽视"短木板"员工

在对于团队建设的指导性作用上，木桶定律表现在不仅要做到没有明显的短板，还要保证每块木板结实，整个系统坚固，各环节接合紧密无隙，这其中就涉及群体与团队的概念。

例如：一根没有磁性的铁棒，每个分子都在按自身的目标旋转，各自的磁性相互抵消，铁棒整体不显磁性，如同乌合之众没有组织力量一样，这只能称为是一个群体；如果将铁棒置入一个磁场中，每个分子在磁场的作用下朝同一方向旋转，铁棒整体就显示出很强的磁性，这个时候才是一个具有核心力的团队。对于一个企业来说，需要建设成一个具有竞争力的团队，而不是一群各自为政的散沙，这就要不仅做到没有明显的短板，还要保证每块木板都结实牢固。

在实际工作中，管理者往往更注重对"明星员工"的利用，而忽视对一般员工的利用和开发。如果企业将过多的精力关注于"明星员工"，而忽略了占公司多数的一般员工，会打击团队士气，从而使"明星员工"的才能与团队合作两者间失去平衡。而且实践证明，超级明星很难服从团队的决定。明星之所以是明星，是因为他们觉得自己和其他人的起点不同，他们需要的是不断提高标准，挑战自己。所以，虽然

"明星员工"的光芒很容易看见，但占公司人数绝大多数的非明星员工也需要鼓励。三个臭皮匠，顶个诸葛亮。对"非明星员工"激励得好，效果可以大大胜过对"明星员工"的激励。

在家电的舞台上，百家争雄，然而海尔却一步一个脚印地跑在前列。为什么？海尔的资本不是比别人厚，引进的国际人才也并不比别人多，人才素质不比别人高……一句话，海尔的"高木板"并不多，但海尔却从不忽视每一个"短木板"员工，注重激发每一个"短木板"员工的潜能，使得其整体绩效不比任何"高木板"差，另一方面，海尔从产品研发、生产管理、市场销售到客户管理的每个阶段都加强建设，从而在整体上的实力赢得优势。

所以，在加强木桶盛水能力的过程中，不能够把"高木板"和"低木板"简单地对立起来。每一个人都有自己的"高木板"，与其不分青红皂白地赶他出局，不如发挥他的长处，把他放在适合他的位置上。

激励有道，"短板"也可变"长板"

木桶定律作为一个形象化的比喻，应用的范围越来越广泛，不仅象征一个企业、一个团队、一个部门，也象征着某一

个员工，木桶的最大容量则象征着整体的实力。

一个组织，不是单靠在某一方面的超群和突出就能立于不败之地的，而是要看整体的状况和实力；一个团体，是否具有强大的竞争力，往往取决于其是否能完善薄弱环节。劣势决定优势，劣势决定生死，这是市场竞争的法则。

在市场异常激烈的竞争中，作为一个管理者，领导一个团队、一个集体往前走时，必须要意识到利用这个原理启发自己的员工，希望他们不要做团队中最短的那块"木板"。因为决定团队战斗力强弱的不是那个能力最强的、表现最好的，而恰恰是那个能力最弱、最差的落后者，影响了整个团队的实力。因此，企业要想成为一个结实耐用的木桶，首先要想方设法提高所有木板的长度，对员工进行教育和培训，让所有的木桶都维持最高度，并把他们的力量有效地凝聚起来，充分发挥团队精神，团结合作、同心协力发挥团队的作用。只有这样才能在竞争中取胜。

管理者不应当将眼光只投注在优秀员工身上，而应当多关注一般员工，时常对他们进行鼓励和表扬。对一般员工多给予激励，可以提高他们的自信心，激发他们的潜能，在工作中做出更好的成绩，达到"短板"变为"长板"的效果。

有一个企业员工，由于与主管的关系不太好，工作时的一些想法不能被肯定，从而忧心忡忡、兴致不高。刚巧，协助单位需要从该企业借调一名技术人员去协助他们搞市场服务。于是，该企业的总经理在经过深思熟虑后，决定派这位员工去。

这位员工很高兴，觉得有了一个施展自己拳脚的机会。去之前，总经理只对那位员工简单交代了几句："出去工作，既代表公司，也代表我们个人。怎样做，不用我教。如果觉得顶不住了，打个电话回来。"

三个月后，协助单位打来电话："你派出的兵还真棒！""我还有更好的呢！"该企业的总经理在不忘推销公司的同时，着实松了一口气。这位员工回来后，部门主管也对他另眼相看，他自己也增添了自信。后来，这位员工对该企业的发展做出了不小的贡献。

这例子表明，"短木板"只要加以激励，将其置于适合位置，就可以使"短木板"慢慢变长，从而提高企业的总体实力。

人力资源管理不能局限于个体的能力和水平，更应把所有的人融合在团队里，科学配置，好钢才能够用在刀刃上。木板的高低与否有时候不是个人问题，是组织的问题。因此，企业管理者应该多发掘"短木板"员工的长处，加以激励，让他们变成"长木板"，从而更好地提升企业的整体实力。

注重人才组合，打造黄金搭档

人之为人，就会有很多个性。管理者在用人过程中应注意下属们的个性，安排合适的工作；另外还要懂得协调，将各种

人才搭配使用，让他们相互间取长补短，使组织成为一个统一团结、不可拆散的整体。

用人协调，一般来说要从以下几点入手：一是注意年龄结构；二是注意志趣相投；三是注意健全制度。

就年龄方面而言，一般来说老年人深谋远虑，经验丰富，但思想易保守固执；中年人思想开阔，成熟老练，但创新精神锐减；青年人思想解放，敢想敢干，但缺乏经验和韧性。如能将这三个年龄段的人才合理搭配，梯次配备，就可以充分发挥各年龄段的自然优势，获得理想的整体效果。

当然这里说的合理搭配，并不是要搞平均主义，总体比较而言，较为合理的方式是两头小，中间大，即以中年人为主，兼用老年人丰富的经验和青年人敏锐的创新精神。实践证明这种结构具有较强的耐压性，也能够保持工作的稳定性。

就志趣而言，不妨以马克思、恩格斯二人为例来说明。马、恩之所以能取得非凡建树，不仅在于二人超人的天才思维，而且在于二人实现了知识、才能、性格上的互补。马克思善于思考观察，分析问题透彻，老成持重，从不讲未经深思熟虑的观点；而恩格斯思维敏锐，性格外向，性子急，能及时捕捉到新思想、新事物。马、恩在一起工作，恩格斯能帮马克思捕捉灵感和信息，而马克思又能使恩格斯的认识得到深化和提高，二人相互配合，共同做出了伟大的贡献，堪称典范。二人之事对今天的用人者来说，是有不少借鉴之处的。

最后说健全制度。没有规矩，无以成方圆。领导用人，如果一味靠感情用事，即使是再高明的领导，恐怕也无法完全解决矛盾。制定一套健全的用人制度，则是实现协调用人、优化结构的保证。

管理者要设法使组织保持一种科学而合理的结构，各种人才比例适当，相得益彰，实现相互补充、取长补短。

不求个个拔尖，只求整体优势

每位管理者总是希望自己雇佣的员工个个是精英。其实，这种完满的假设在现实中是不多见的。追求个人英雄与精英的一个严重后果是，人员缺乏很好的配合，整体的战斗力很弱。一个很鲜明的例子，在比赛中获胜的球队大都并非因某个明星的存在，而在于整体战术的配合与协调。

对于企业而言，也是如此。企业需要聘用最好的员工，动用专家工作，但同时也必须使自己手下的人马形成战斗力，要有一种整合的力量，这就是管理界所倡导的队伍精神。

作为管理者，你不能要求员工个个拔尖，只求队伍整体优势，不要奢望你的员工个个非凡，但求队伍整体压倒对手。

每个人有优势也有劣势，如果几个人的优劣恰好相互补充，可以取长补短，那么，这几个人组成的队伍将是一个完美的组合。

英国学者贝尔宾被称为"队伍角色理论之父",他曾提出过"阿波罗综合征"现象:即一个千挑万选的优秀队伍,成员们的精力往往消耗在无聊的内耗,或对队伍目标没有帮助的争辩中,只为了说服其他成员接受自己的观点,或是攻击别人论点中的缺口,最后总体表现反而比不过一个"平庸"的队伍。

某汽车公司的老总手下有三个销售员,他们各有长处,但业绩都不理想。老总就让培训师为他们把了把脉,培训师逐一为老总分析:

销售员A交际能力突出。吃饭的时候,一见培训师就热情地打招呼:"老师你好你好,来,喝酒喝酒。"这样的人跟人打交道不错,但是他毛病漏洞很多,往往专注度不够,不是研究产品的料,要是一谈实质性的东西啊,差矣。

销售员B敬我酒时说:"老师,敬您一杯,我先干了。"我还没回过神,他已经干了,然后就不说话了。

过一会儿问他们:"你们公司的汽车究竟怎么样啊?"A先说话,我们的汽车怎样好,适合你的风格,吹了半天我一点兴趣都没有。这时B开始接过话茬,他就把公司的汽车从发动机的性能、家庭的实用性,一直到它的解装、所有一系列设备,仔仔细细说了一通,用专业术语使劲描述。最起码让我觉得,他那一系列新款车都跟宝马差不多。这个人介绍产品厉害,但不太会与人打交道。

销售员C一直话不多,给人的感觉是他很机械,但他的眼睛很犀利，虽然不怎么讲话，但他说出每一句都是关键，往往一语中的，极具杀伤力，基本让人没有回旋的余地。这是他的本事，放在销售上，他就知道什么时候该下手让客户掏钱。

"这三个人，真是绝佳的组合。"培训师向老总建议道，"很简单，千万不要让他们各自为战，单独销售，而是马上把销售分段化，不要去改他们的缺点，你不要批评A，你说话稳重点，把产品研究好；也不要批评B，你学学和人打交道；也不要批评C，你别老是那样子做销售，放开一点。你就让A做一件事情，就是铺天盖地交朋友，张总啊，李总啊，反正他愿意和人打交道。

"头一次见面就是攀交情，下一次去的时候，把那个讲产品的B带过去，就说是公司的产品专家，负责介绍产品；还要把C也带上，关键时刻敲定成交，他有能力促成交易成交。这种组合优势互补，简直是完美组合。"

好的队伍其实是一群平凡的人做不平凡的事，而所谓的精英队伍反倒很难成就大事，因为他们将陷入个人英雄主义的泥潭。队伍成员的优势可以相互补充，取长补短，这样人才标准降低了，成本降低了，效率却提高了。

因此，让队伍成员成分复杂点，都有一技一长，优势能够互补，这样才能真正形成合力，成就大事。

优势互补，打造团队战斗力

现代企业的团队建设与木桶理论有着异曲同工之处：一个团队的战斗力，不仅取决于每一个成员与成员之间协作与配合的紧密度，同时，团队给成员提供的平台也至关重要！

领导在团队整合与建设的过程中，重点是要做好三项工作：

1. 团队建设的重点之一——补"短板"

短板不单单指团队中的人，也指团队缺失的核心能力。劣势决定优势，劣势决定生死，这是市场竞争的残酷法则。"木桶定律"告诉我们，一个团队的整合与建设，一是要协助个人把"最短的一块"，尽快补起来；二是要把管理者中存在着的"一块最短的木板"，迅速将它做长补齐。一个优秀的团队管理者，我们必须让团队的能力均衡发展，如果某些环节不到位，脱节了，或太弱，就会阻碍团队的发展，必须下力度及时地给予补上，因为在某一环节能力的缺失就可能给团队致命的打击。由于核心管理者的"短板"，会导致整个团队停滞不前。

2. 团队建设的重点之二——团队协作与配合

加强团队的"紧密度"。首先，在工作过程中应善于营造团队氛围，提倡、鼓励和强化每个成员的团队精神；教导成员关注团队目标，努力去完成团队目标，防止个人主义思想蔓延。其次，做好团队分工，合适的人站在合适的岗位。比如，木桶的A位置应该站一个足够胖的人，才能使木桶"密不透水"、不留缝隙，可如果我们安排了一个骨瘦如柴的人，即使他再高也不管用。最后，强化团队的向心力和控制力。充分发挥管理者的影响力，有意识地强化领导的核心作用，使团队成员自觉主动地团结在管理者周围，跟紧团队的步伐。

3. 团队建设的重点之三——打造优秀平台

没有好的桶底，木桶就像"竹篮打水一场空"；没有好的平台，团队成员的才能就会被扼杀，团队的战斗力将荡然无存。

这就要求首先为团队成员搭建能力发挥的舞台——授权。既然是团队，不同的成员就应该具备不同的能力，发挥着不同的作用，作为团队的管理者即使能力再强，也不可能大包大揽。团队管理者一旦不懂得授权，一方面自己会力不从心，另一方面团队成员会因为无用武之地而选择离去。

其次，建立让团队成员施展才华的支持性系统。团队是一个系统，一个团队成员如果只有权力，但缺乏应有的支持，也不一定能打胜仗。比如一个企业的销售部领命去攻打全国市场，赋予了他们应有的权力，但要做好全国市场，必须要有市场部的信息支持、物流部的及时到货支持，以及高层领导指导市场、点拨思路等。

最后，为团队成员提供个人发展的平台。为组织成员提供

学习成长的空间。也就是说，一个人在优秀的企业是吸收知识方法，而在普通的企业却是输出知识经验，这也验证了为什么优秀的团队能让平凡者成功的道理。

第12章

鲇鱼效应：用"鲇鱼"激活"沙丁鱼"

挪威人爱吃沙丁鱼，而沙丁鱼只有活鱼才鲜嫩可口，但由于沙丁鱼不爱动，捕上来不久就会死去。一个偶然的机会，一个渔民误将一条鲇鱼掉进了装沙丁鱼的鱼舱，当他回到岸边打开船舱时，惊奇地发现以前都会死的沙丁鱼居然都活蹦乱跳地活着，渔夫马上发现，这是先前掉进去的鲇鱼的功劳，沙丁鱼要想躲过"被吃"的噩运，就必须在鱼槽内不停地拼命游动，最终大部分的沙丁鱼都能活着返港。

这就是管理学界有名的鲇鱼效应，用来比喻在企业中通过引进外来优秀人才，增加内部人才竞争程度，从而促进企业内部血液循环的良性发展。

引入鲇鱼型人才，激活一潭死水

活力来源于竞争，来自于压力和挑战。

一个人没有竞争对手，就会固执己见、墨守成规，不学习和接受新知识、新事物，他就永远不会进步；一个企业没有竞争对手，就会因循守旧、故步自封，不走创新之路，不仅不能发展，还会被市场所淘汰，就不会有更好的发展。

企业只有有了压力，存在竞争气氛，员工才会有紧迫感、危机感，才能激发进取心，企业才能有活力。

在这方面日本的本田公司做得非常出色，值得借鉴。有一次，本田先生对欧美企业进行考察，发现许多企业的人员基本上由三种类型组成：一是不可缺少的干才，约占二成；二是以公司为家的勤劳人才，约占六成；三是终日东游西荡，拖企业后腿的蠢材，占二成。而自己公司的人员中，缺乏进取心和敬业精神的人员也许还要多些。那么如何使前两种人增多，使其更具有敬业精神，而使第三种人减少呢？如果对第三种类型的人员实行完全淘汰，一方面会受到工会方面的压力；另一方面，又会使企业蒙受损失。其实，这些人也能完成工作，只是与公司的要求与发展相距远一些，如果全部淘汰，这显然是行不通的。

后来，本田先生受到鲇鱼故事的启发，决定进行人事方面的改革。他首先从销售部入手，因为销售部经理的观念离公司的精神相距太远，而且他的守旧思想已经严重影响了他的下属。必须找一条"鲇鱼"来，尽早打破销售部只会维持现状的沉闷气氛，否则公司的发展将会受到严重影响。经过周密的计划和努力，本田先生终于把松和公司销售部副经理、年仅35岁的武太郎挖了过来。武太郎接任本田公司销售部经理后，凭着自己丰富的市场营销经验和过人的学识，以及惊人的毅力和工作热情，受到了销售部全体员工的好评，员工的工作热情被极大地调动起来，活力大为增强。公司的销售出现了转机，月销售额直线上升，公司在欧美市场的知名度不断提高。本田先生对武太郎上任以来的工作非常满意，这不仅在于他的工作表现，而且销售部作为企业的龙头部门带动了其他部门经理人员的工作热情和活力。本田深为自己有效地利用了"鲇鱼效应"而得意。

从此，本田公司每年重点从外部"中途聘用"一些精干的、思维敏捷的、30岁左右的生力军，有时甚至聘请常务董事一级的"大鲇鱼"。这样一来，公司上下的"沙丁鱼"都有了触电式的感觉，业绩蒸蒸日上。

鲇鱼效应对于"渔夫"来说，在于激励手段的应用。渔夫采用鲇鱼来作为激励手段，促使沙丁鱼不断游动，以保证沙丁鱼活着，以此来获得最大利益。在企业管理中，管理者要实现管理的目标，同样需要引入鲇鱼型人才，以此来改变企业相对一潭死水的状况。

请来"鲇鱼",管理无为而治

中国台湾糖业公司(以下简称台糖)在台湾地区经济发展中扮演着十分重要的角色,由于台糖拥有大量的土地资源,所以靠不断地卖地盈利,但这并非公司长久发展之计。

因此,20世纪90年代初期,台糖公司推行"危机管理",凝聚公司内部所有员工的共识。就好像拔河,全部的员工都要为同一个目标而努力,这样才能发挥成效,赢得胜利;也唯有凝聚共识,才会形成力量。

新的管理架构重组之后,原先不到亿元的营业额大幅度提升到1996年的354亿元,并且在21世纪向1000亿元的营业额挑战。

有专家研究发现,企业基本上由三种人组成:一是不可缺少的干才;二是以公司为家辛勤工作的人才;三是终日东游西荡、拖企业后腿的蠢材。

管理这三种人可能会让领导们绞尽脑汁:为了让干才更努力,让勤奋的员工出成绩,让整天不好好工作的人为公司卖力,领导们从激励、惩罚等各个方面入手,但有时却收获不到理想的效果。怎样管理这三种人才能让领导省心、省力进而达到无为而治呢?这可以通过制造"鲇鱼效应"来解决。

某公司的员工都是工作多年的老员工。由于在公司待得时间长了，大家开始"倚老卖老"起来，一个个都像"沙丁鱼"似的，失去了进取心，工作懒懒散散，投机取巧，整个公司效率非常低下。公司老板请来一条"鲇鱼"，让他担任部门的新主管。公司上下的"沙丁鱼"们立刻产生了紧张感。"你看新主管工作的速度多快呀!""我们也加紧干吧，不然就被炒鱿鱼了。"这就产生了"鲇鱼效应"。整个公司的工作效率不断提高，利润自然是翻着筋斗上升。

一个公司如果人员长期稳定，就会缺乏新鲜感和活力，产生惰性。企业光荣的历史不能一直缅怀，大家不能总是"吃老本"，因为这样会让员工失去忧患意识。在这个时候，引入一条"鲇鱼"，领导就可以实现"无为而治"。

优胜劣汰，让员工跑起来

老鹰是所有鸟类中最强壮的种族，根据动物学家所做的研究，这可能与老鹰的喂食习惯有关。

老鹰一次生下四五只小鹰，由于它们的巢穴很高，所以猎捕回来的食物一次只能喂食一只小鹰，而老鹰的喂食方式并不是依平等的原则，而是哪一只小鹰抢得凶就给谁吃，在此情况下，瘦弱的小鹰吃不到食物都死了，最凶狠的存活下来，代代

相传，老鹰一族愈来愈强壮。

这是一个适者生存的故事，它告诉我们，"公平"不能成为组织中的公认原则，组织若无适当的淘汰制度，常会因小仁小义而耽误了进化，在竞争的环境中将会遭到自然淘汰。

竞争可以使一家半死不活的企业起死回生，竞争是企业生命的活力，没有竞争，企业就无法立足于现代社会。当然，能否将竞争机制引入你的企业之中，就看你是否是一位合格的上司。领导的艺术就在于发挥你的智慧，开动你的脑筋努力使你的员工发挥出最大的效率。

一位大老板在谈到他成功的秘诀时说："要使你的员工超额完成工作，你就必须激起他们的竞争欲望和超越他人的欲望，这是条永恒的真理。"

火石轮胎及橡胶公司的创始人哈维·怀尔史东说："我发现，光用薪水是留不住好员工的。我认为，是工作本身的竞争……"

如果想让你的员工活跃起来，改变那种拖拖拉拉的办事效率，就应该精兵简政，大刀阔斧地削减你的员工，在竞争中淘汰那些低效率的员工。这种削减会使在职的员工感到就业的压力，增强他们的危机意识，你要让他们明白：天底下没有金饭碗、铁饭碗，你们随时都有被炒掉的危险。你要设法使每一个员工都兢兢业业地去工作。

所谓生于忧患，死于安乐。作为员工，如果他们没有面临竞争的压力，没有生存压力，他们就容易产生惰性，不思进取，这样的员工没有前途，这样的公司也会没有前途。

因此，老板必须从上任那天起，让所有的员工知道，只有竞争才能生存，同时给他们施加竞争压力，让他们深刻体会到适者生存、优胜劣汰的原理。

防止恶性竞争，倡导良性竞争

钓过螃蟹的人或许都知道，篓子中放了一群螃蟹，不必盖上盖子，螃蟹是爬不出去的，因为只要有一只想往上爬，其他螃蟹便会纷纷攀附在它的身上，结果是把它拉下来，最后没有一只出得去。

组织中也应该留意与去除所谓的“螃蟹文化”。企业里常有一些员工，不喜欢看别人的成就与杰出表现，天天想尽办法破坏与打压之，如果不予以去除，久而久之，组织里将只剩下一群互相牵制、毫无生产力的“螃蟹”。

管理者要明白，下属之间肯定会存在竞争，但竞争分为良性竞争和恶性竞争，管理者的职责就是要遏制部下之间的恶性竞争，积极引导部下的良性竞争。

有的人会把对别人羡慕渴求的心理转化为学习工作的动力，通过与同事的竞赛来消除能力的鸿沟，这种行为引发的竞争就是良性竞争。

良性竞争对于组织是有益处的，它能促进员工之间形成你追我赶的学习、工作气氛。大家都在积极思考如何提高自己的能力，如何掌握新技能，如何取得更大的成绩……这样一来公司的工作能力就会极大提高，大家也会更好相处。

但也有些人却把羡慕别人的心情转化成了阴暗的嫉妒心理，他们想的是如何给别人脚下使绊，如何诬蔑能人，搞臭他们的名声，如何让同事完不成更多的任务……他们的办法就是通过拖先进者的后腿，来让大家都扯平，以掩饰自己的无能。

这种行为会导致公司内部的恶性竞争。它会使公司内人心惶惶，员工相互之间戒心强烈，大家都提高警惕防止被别人算计。

这一来，员工的大部分精力和心思都用在处理人际关系上去了，主管也会被如潮涌来的相互揭发、投诉和抱怨缠得喘不过气来，公司的业绩自然会下降。

在这样的公司里，大家相互拆台，工作不能顺利完成，谁也不敢冒失，因为出头的椽子会先烂。人人都活得很累，但是公司的业绩却平平。

主管一定要关心员工的心理变化，在公司内部采取措施防止恶性竞争，积极引导良性竞争。

慎用"鲇鱼"，别让"鲇鱼"毁了团队

鲇鱼效应一直为很多企业所推崇，但我们不得不看到，这种引进外部力量刺激内部成员的做法也存在着一定的弊端。

首先，从企业这个大团队来讲，从外部引进的人才，其职位都不会太低，他们更多的是我们常说的"空降兵"，一到公司，就被委以重任，具体负责某一块的具体业务。

关于"空降兵"的优势与劣势在此处暂且不谈，我们只需要认识到，"空降兵"的到来，在一定程度上阻碍了原成员晋升的机会，从而扼杀了某些原本就非常努力的员工的奋斗激情。对一些人来说，他们奋斗的目的就是为了晋升，为了更高的职位，为了更大的发展空间，这种目的完全是无可非议的。

一旦他们发现自己失去了上升的空间，他们就会要么选择出走，要么选择消极对待。如此一来，企业这个大团队的战斗力就被削弱得更厉害了。

其次，对公司内部的一个小团队来讲，既然是为了刺激团队的活力，所引进的新人在能力上就不会很弱，如果团队负责人再把握不住度，总是故意地把兴趣放到新人身上，势必会引起原有成员的不满，要是这种不满使原有成员变得更加消极，

则引进"鲇鱼"刺激团队活力的结果就适得其反了。

最后，无论是大团队还是小团队，"鲇鱼"的进入能否和原有成员形成优势互补，是否具有合作观念，都会影响到团队以后的战斗力发挥。一旦引入的"鲇鱼"个人主义观念浓厚，单打独斗的行为明显，那么他不但不会产生鲇鱼效应，还会把团队仅存的一点战斗力给破坏掉。

因此，鲇鱼效应固然可以提升一个团队的战斗力，但也可以毁掉团队的战斗力。是否要采取鲇鱼效应来刺激团队战斗力的爆发，还需要团队领袖对实际情况进行具体分析和决策。

出现上述两种问题的时候，最直接最简单的解决办法就是取出"鲇鱼"，但这很难做到。因此，一般有下列方法可以采用：

（1）缓行"鲇鱼"提出的各项措施，特别针对人的措施。

（2）统一政策的出口，"鲇鱼"的良好措施也要有公司固有的途径向员工传达，而不是通过小道散布。

（3）迅速找骨干员工谈话，告知引进"鲇鱼"的真正目的和意义，稳定情绪。

（4）提高骨干员工的待遇，表示虽然引进了"鲇鱼"，但公司还是非常重视他们的。

（5）安排员工适当休假，缓解压力，减轻心理负担。

（6）当众表彰骨干员工，表示出对团队成员的信任和认可。

（7）提拔骨干员工，给他们委以重任，显示出对现有团队成员的信心。

（8）组织"鲇鱼"和"休克鱼"进行团队活动，增进工作之外的感情，减轻抵触情绪。

第13章

吉格勒定理：水无积无辽阔，人不养不成才

吉格勒定理由美国培训专家吉格·吉格勒提出，是指除了生命本身，没有任何才能不需要后天的锻炼。

这一定律启示管理者：水无积无辽阔，人不养不成才。通过培训，可以使新员工迅速适应现实的工作，缩短适应期；可以增强员工的专业技能，促其快速成长。

授员工以鱼，不如授员工以"渔"

《老子》中有句话："授人以鱼，不如授人以渔。"用在管理上，这提示领导者不仅要满足员工的物质需要，更要教会他们做事的方法。而培训则是提升员工技能、促进员工成长的重要途径。

很多领导一听培训就摇头："我都舍不得花钱给自己培训，这么奢侈的事还是让那些有钱的大企业去做吧。"其实中小企业初期的培训，一分钱都不用花，因为企业主自己就是培训师。并且，上班的每一分钟，和员工的每一次交谈，都可以视作一次培训。只要你善于掌握，用不了多久，你会发现自己轻松了，也可以有更多的时间考虑更重要的问题了，比如公司的下一步发展计划。

很重要的一件事是培训完成后，你要让受训的人复述一遍并指正其中的错误点，直到受训者能够清晰、完整地复述你告诉它的内容为止。

首先需要进行的是常识培训。你必须告诉员工，在这个企业工作需要的常识。一些是关于企业内的，比如和员工工作相关的上下游工序的负责人，应该如何交接，怎样真正完成一项工作，等等。另一些是企业外的，比如有一个顾客要邮购公司的某产品，是应该款到发货还是货到付款，诸如此类。你可以把这类常识列一个清单，想清楚如何应对此类情况，然后分别告诉承担这些工作的人就可以了。只要你坚持这样做并随时修正在工作中发现的问题，过不了多久，企业就会拥有一套比较完整的工作职责和工作流程了，你会发现自己轻松了一点点。

许多大企业拥有比较完善的新人入职教育，也不过是这样多次的操作积累罢了，没什么复杂的。并且，你的风格会在多次这样的简单培训中潜移默化地影响每一个员工，久而久之，企业文化也就形成了。

常识培训非常重要，因为这种培训将帮助你的员工迅速进入到你要求的工作状态。当一个员工新进入一个企业时，面对完全陌生的环境，他可能连一般水平都难以发挥。

其次是建立共同愿景。"愿景"这个词的意思是目标的图形化和具体化。如你想要幸福的生活，用愿景来解析可能就是有车，有房，有上百万的存款，孩子上名牌学校，成为职场精英，等等。当然，还可以更具体些，如车子的品牌，房子坐落在哪里，存款在哪家银行，孩子上哪所学校……越具体就越能引发你的成功欲望，越能驱使你奋斗，这是成功学的重要一课。

技能培训是持续不断的工作。作为企业的老板，你可以把这件事情交给资深的员工去做，并为此支付额外的津贴。千万记住，任何人额外的付出都应该得到额外的回报，免费的东西并不可靠。但你肯定要制定明确的标准，比如达到的程度。

造人先于造物，用人不忘育人

"造人先于造物"是日本经营之神松下幸之助的人才观的直接反映。松下幸之助认为，企业是由人组成的，必须强调发挥人的作用。松下指出："公司要发挥全体职工的勤奋精神，必须使员工的生活和工作两方面都是安定的。因此，'高效率、高工资'是我们公司的理想，虽然不能立即达到，但要尽一切努力促其实现。"

松下公司善于争取众人之心，巧妙地使员工们对公司产生亲切感，造成了一种命运与共的氛围，因而员工们都积极参加提供合理化建议的活动。松下公司的阿苏津说："纵使我们不公开提倡，各类提案仍会源源而来。我们的职工随时随地——在家里、在火车上，甚至在卫生间里——都在思索提案。"

由职工选出的委员会去推动提案工作，就使得该项工作在职工中号召力更大，提案率也就更高。比如，松下公司的技术研究开发工厂曾有职工1000多名，提案总数却达7.5万个，平均每人50个提案。松下集团有职工6万名，提案超过66万个，其中被采纳的就有6万多个，约占总提案数的10%。

及时认真、全面公正地对员工提案做出评审，也很好地激发着员工的提案热情。由各部门经理组织提案，评审委员会主持评审工作，及时和认真是提案评审的基本要求。一是及时，在一个月内评审并公布结果，以取信于员工；二是认真，进行严格审慎的研究，拿出具体方案。凡被采用者，提出实施的时间并评定授奖等级；凡未被采用者，提案发还本人，说明未被采用的原因；若被认为尚欠成熟但有深入研究价值者，则鼓励其做进一步的研究，公司提供方便。

松下幸之助总结的育才方针有四条：灌输经营基本方针；提高专门业务能力；培养经营管理能力；扩大视野形成人格。那么，企业应该培育什么样的人才呢？松下先生认为主要是十类人：不忘初衷而虚心好学之人；不墨守成规而经常有新观念之人；热爱公司并与公司融为一体之人；不自私而能为团体着想之人；能做出正确价值判断之人；有自主经营能力之人；随时随地都保持热诚之人；能得体地支持上司之人；能自觉恪尽职守之人；有担任公司经营负责者气魄之人。

松下公司重视人才、科研和智力开发。当有人问"松下公司最大的实力是什么"时，松下幸之助回答："是经营力，即经营者的能力。"他指出："掌握了经营关键的人是企业的无价之宝。"所以，松下先生强调，在出产品前出人才，在制造产品前先培养人才。在这样的人才观指导下，松下幸之助提出了育才七把钥匙：一是，强烈感到培育人才的重要性；二是，要有尊重人才的基本精神；三是，明确教诲经营理念和使命感；四是，彻底教育员工企业必须获利；五是，致力于改善劳动条件及员工福利；六是，让员工拥有梦想；七是，以正确的

人生观为基础。

依据松下先生的育才理念以及人才培育规划，松下公司创造性地培育出了一批又一批杰出的经理、主管、业务骨干以及基层管理人才。松下集团的分公司及工厂遍及全世界，松下先生的育才理念已经在世界各地生根、开花、结果。

岗位不同，培训亦有别

在一个公司内部，由于各类人员的工作性质和要求各有其独特性，因而对这些不同类别的人员的培训安排就有其独特性。

基层管理人员在公司中处于一个比较特殊的位置：他们既要代表公司的利益，同时也要代表下属职工的利益，而这两方面经常容易发生矛盾。如果基层管理人员没有必要的工作技术，工作就会难以开展。大多数基层管理人员过去都是从事业务性、事务性工作，没有管理经验，因此当他们成为基层管理人员后，就必须通过培训尽快掌握必要的管理技能，明确自己的新职责，改变自己的工作观念，熟悉新的工作环境，习惯新的工作方法。

而一般员工则是公司的主体，他们直接执行生产任务，完成具体性工作。对一般员工的培训是依据工作说明书和工作规范的要求，明确权责界限，掌握必要的工作技能，以求能够按时有效地完成本职工作。

在管理人员训练新员工的过程中，可能会犯些什么错误呢？

第一个错误就是相信这件工作简单无比，仅仅示范一下别人就能很快掌握了。如果这样想，那就大错特错了。要知道，那些看似轻而易举的事情对第一次尝试的人来说，也许是相当困难的。有时即使教授一个曾经做过这项工作的人，掌握起来也不如想象的那么快。

第二个易犯的错误就是一次给员工灌输的东西太多，使他们消化不了。大多数人一次只能消化三个不同的工作步骤或指示，因此，在接下去讲述之前要确认员工是否已经掌握了前三个步骤。不要显得紧张、焦急或不耐烦，这样有助于缓解员工的紧张情绪。如果有人犯了错，千万别说类似于"我刚刚才示范给你看了该怎么做的"的话，而最好这样说："开始的时候是容易出错。别急，试试再做一次，熟练了就好了。"

别忘了，学习是件十分容易让人疲倦的事。所以，即使培训者自己还没感觉到疲倦，也应该考虑员工的状态。培训者应该在训练的过程中，保证员工有足够的休息时间。

切记：要想取得好的培训效果，必须要对不同层次、不同类型的人才区别对待。

体验式培训——让员工跳出框外思考

别具一格的管理培训课程可培养参加者的创造力，并挑战他们的忍耐极限。

如果你觉得在水中游泳或玩大块拼图游戏似乎是一种奇特的管理培训方式，那你显然是少见多怪了，至少意味着你没参加过体验式培训。

体验式培训一般由专门的培训机构开展实施，我不再抱怨"IWNC"公司就是其中最有名的一家。这家体验式学习公司专门培训员工"跳出框外思考"，目前在中国大陆、中国香港都设有办事处。其课程安排通常为期三天，并在一些偏远的地点举行，如位于长城脚下的乡村、杭州西湖边上，或静谧且风景如画的中国香港大屿山上的培训学校。该公司不会在乎于平淡无奇的酒店空调会议室举办讲座，既不使用投影仪，也没有生动的电脑图表。

"我们采取的是体验式培训，让人们在培训中展现其真实的行为。"该公司中国办事处总经理布朗说，"我们采取辅助技巧，协助参加者分析、讨论他们在活动中的行为，并带回到他们的工作场所中。许多参加者都是工商管理硕士，而且一般都是非常精干的年轻人。但他们缺乏交际技巧、主动性及创造性，这些是他们所受教育没有提供的。"

每个培训小组一般由管理层及以下的多名成员混合而成，这是个优良组合。每个人的穿着都很随意，乍一看没人能知道谁是上司。

另一个重要条件是培训地点应远离工作场所。美国汽巴公司中国香港染料部经理西蒙斯对此深有感触，他在6个月之内让包括自己在内的80名员工参加了"我不再抱怨"课程。他说："没有电话干扰，甚至没有移动电话，简直太妙了。"

通常情况下，"我不再抱怨"课程是企业更大培训项目的重要部分。诺基亚的中国公司在12个月内分别举办了四次"我不再抱怨"课程，对象是新招聘的员工，旨在让他们建立彼此的信任感及承诺。

虽然这些管理技巧源自西方，但这类培训在很多国家和地区都适用而且受到了欢迎。另外，培训练习活动中有关失败的经历比成功的经历能教给人们更多东西。

第六项修炼——打造全面品质学习型组织

强大而成功的企业是建立在不断提高质量的学习上的。

企业成功的道路千万条。拥有一个能执着追求、不懈学习的组织，就是一条有效的道路。企业不仅只是要学习，更要建

立全面品质学习，才能为持续、稳步的成功打下坚实的基础。

"学习型组织之父"彼得·圣吉将他的"第五项修炼"聚焦在学习型组织上。但他的理论在付之于实践时仍然有不足之处，他停留在第五项修炼，或者说只强调系统学习。事实上，当你与操作员谈话时，他们根本无法理解系统的概念，同时此概念也与他们日积月累的经验相去甚远。在第五项修炼的基础上应该发展"第六项修炼"——全面品质学习。

全面品质学习的主要要素是什么？

全面品质学习需要头脑思维方式的改变。企业组织总是先确立一个长期的目标，一般是由行政总裁首倡并确定下来，然后由高级管理层拟定使命说明来进一步将这个长期目标具体化，经理人随后将这个目标传达给员工。这一切听起来顺理成章。事实上，效果并不好，当这个目标沿着命令链层层向下传达时，它往往会渐渐"退化"甚至"扭曲"。人们会忘记先前说过的一切，并很快依然我行我素。

理想的方法是要先行动起来。行动成功之后，人们的行为自然就会随之改变。然后高级管理层就可以坐下来，写好体现远景目标的使命说明书。

日本的"5—S法"是引发行动的好工具。5—S是由五个日本词语组合而成，翻译过来就是结构化、系统化、净化、标准化和自律化。举例来说，如果你想将一个工厂或者部门提升到世界一流水平，你可以通过"5—S法"达到这一目标。"5—S法"是行动导向的，并且确实需要组织中每个人努力。

大部分企业都非常欢迎组织学习行动导向理论。但也有人认为，行动导向理论在实践方面会变得越来越迟缓。人总是过分拘泥于日常工作，尤其是在经济不景气时则更为严重，完全将学习撇在一边。人们总误以为学习不是一件紧迫的事。不过仍然有一些组织在不断学习，而且是迅速学习。微软公司就是一个学习型组织的非常好的例子，微软无时无刻不在学习和宣传新的观念。

如今，我们看到企业变革的节奏已经加快。这就意味着，企业要把握机遇或是摆脱其他快速学习型企业的竞争威胁，就必须以更快的速度学习。如果意识不到企业学习的必要性和紧迫性，企业必将眼睁睁地看着自己落伍；而那些善于学习者，必将成为竞争的胜出者。

作为一名领导，在促进组织学习过程中应扮演重要角色。

你最重要的任务就是以身作则。在关键时刻或是面临关键任务时，你必须树立榜样，表现出绝不动摇的坚定意志来。

树立一个好学的良好榜样。如果企业需要不断全面学习，你就要为员工做出表率。你一定要让每个员工都看到，他们的上级每天都在不断学习新的东西。如此一来，员工们迟早会效仿的。现在，你的任务已不再是发号施令，而是展现出学习的能力。无论环境如何，绝不能畏惧，应该继续学习。请牢记质量管理大师戴明的忠告："组织中绝不应存在恐惧。"

要使学习确实有效，个人培训与团队学习就要互为补充，在同事中共享经验有助于企业内部的成长。当然，这种情

况只有组织具有一定的架构时才会发生。学习过程的规划是自上而下的，然后才是自下而上地让每个员工都参与进来。

外包等趋势是否会影响企业组织学习？这种趋势是否会与组织内部、外部的学习产生不协调，并最终对企业不利？

这一切都取决于供应商与客户之间的合作关系。用现代的观点来看，外包需要是一种非常亲密的合作关系，和婚姻有点类似。在这种情形下，这种学习必须扩展至供应商，否则一切都会白费。外包以及其他趋势都不应该阻碍学习，外包应使得学习成为理所当然的事情。外包供应商也许可以从他们的客户身上获得经验，他们可以利用这些经验，使其组织受益。

第14章

鲦鱼效应：魅力影响，让员工自动追随你

德国动物学家霍斯特发现了这个有趣的现象：将一只较为强健的鲦鱼脑后控制行为的部分割除后，此鱼便失去自制力，行动也发生紊乱，但是其他鲦鱼却仍像从前一样盲目追随，整个鲦鱼群行动都发生了紊乱，失去了抵抗外侵的能力。这被称为鲦鱼效应。

鲦鱼的首领行动紊乱导致整个鲦鱼群行动紊乱。同样，在一个企业或者组织中，只要管理者出现问题，那么整个企业或者组织也就不可避免地会出现问题。管理者就是一个企业的核心脊梁，必须为企业的发展承担责任。

身教示范，做员工最好的教练

美国行政管理学家切克·威尔逊提出：如果部下得知有一位领导在场负责解决困难时，他们会因此信心倍增。因此说身教重于言教。

日本战败后，松下公司面临极大的困境。为了渡过难关，松下幸之助要求全体员工振作精神，不迟到，不请假。

然而有一天，松下幸之助本人却迟到了10分钟，原因是他的司机疏忽大意，晚接了他10分钟。

他认为必须严厉处理此事。首先他以不忠于职守为理由，给司机减薪处分。其直接主管、间接主管，也因监督不力受到处分，为此共处分了8个人。

松下幸之助认为对此事负最后责任的，是作为最高领导的社长——他自己。于是他对自己实行了最重的处罚，扣发全月的薪金。

仅仅迟到10分钟，就处理了这么多人，甚至包括企业的最高管理者自己。此事深刻教育了松下公司的员工，在日本企业界也引起了很大振动。

从这个故事中我们看出，在企业管理中，身教不仅起到了导向和示范作用，而且还有凝聚人心、化解矛盾、鼓舞士气和催人奋进的特殊功能。身教还是密切管理人员与员工的黏合剂。管理人员的职位越高，身教影响力的涉及面越宽、越广，管理人员只有自身过得硬，才能引起见贤思齐的广泛思想共鸣，带出过硬的团队。而且，从某个或某些领导身上往往可以看到一个企业的前途与希望。因此，企业的管理者要当好表率。

只有不胜任的领导，没有不胜任的员工。每一位管理者都应时刻牢记，在规定、制度、公约面前，自己和员工是一律平等的。只有自己以身作则，带头遵守公司规章制度，员工才能信服你，尊重你，效仿你，从而自觉遵守公司制度，做好本职工作。

说一千道一万，不如以身示范

前日本经联会会长土光敏夫是一位地位崇高、受人尊敬的企业家。土光敏夫在1965年曾出任东芝电器社长。当时的东芝人才济济，但由于组织太庞大，层次过多，管理不善，员工松散，导致公司绩效低落。

土光接掌之后，立刻提出了"一般员工要比以前多用三倍的脑，董事则要十倍，我本人则有过之而无不及"的口号，来重建东芝。他的口头禅是"以身作则最具说服力"。他每天提早半小时上班，并空出上午七点半至八点半的一小时，欢迎员

工与他一起动脑，共同来讨论公司的问题。土光为了杜绝浪费，还借着一次参观的机会，给东芝的董事上了一课。

有一天，东芝的一位董事想参观一艘名叫"出光丸"的巨型油轮。由于土光已看过九次，所以事先说好由他带路。那一天是假日，他们约好在"樱木町"车站的门口会合。土光准时到达，董事乘公司的车随后赶到。董事说："社长先生，抱歉让您久等了。我看我们就搭您的车前往参观吧！"董事以为土光也是乘公司的专车来的。土光面无表情地说："我并没乘公司的轿车，我们去搭电车吧！"董事当场愣住了，羞愧得无地自容。原来土光为了杜绝浪费，使公司合理化，便以身示范搭电车，给那位浑浑噩噩的董事上了一课。

这件事立刻传遍了全公司，上上下下立刻心生警惕，不敢再随意浪费公司的物品。由于土光以身作则点点滴滴的努力，东芝的情况乃逐渐好转。

身为一名管理者，要比员工付出加倍的努力和心血，以身示范，激励士气。言教不如身教，说一千道一万，不如以身示范，自己做到了才能去教育员工，以身立教，以行导行，用自己的习惯去引导员工要比单纯的说教更具有效力。管理者的工作习惯和自我约束力，对员工有着十分重要的影响。如果管理者满腔热情，对工作尽职尽责，那么在管理的过程中自然就会事半功倍。

靠人格魅力聚拢和统御人心

曾经在一个报告会上有一位著名企业家说："在现实世界里，众所皆知的一流管理者无一例外地都具有一种罕见的人格特质，他们处处展现出魅力领袖的风范。他们不但能激发下属们的工作意愿，又具有高超的沟通能力，能够动之以情，晓之以理，浑身散发出热情洋溢的力量，尤其重要的是，他带领团队屡创佳绩，拥有一连串骄人的辉煌成就。运用奖赏力与强制力来领导，也许有效，但是如果你要提高自己的领导魅力，赢得众人的尊重和喜爱，我建议你们要尽最大的努力以影响和争取下属的心。假如你们之一谁能做到这点，谁就能成为一位成功的管理者，而且也可能完成许多不可能完成的任务。"

一个人为什么为他的主管或组织卖力工作？很重要的原因，就是因为他的主管所拥有个人魅力像磁铁般征服了他的心，激励他勇往直前。你可能会听到一个下属说："你和他在一起待上一分钟，你就能感受到他浑身散发出来的光和热。我之所以卖命努力，乃是因为他强大的魅力深深吸引我所致。"

从领导效能的观点来看，我们不得不承认，魅力远胜过权力。优秀的领导才能，特别是个人的魅力或影响力，比他的职位高低和提供优越的薪资、福利重要得多，魅力才是真正促使

他们发挥最大潜力、实现任何计划和目标的魔杖。

多少年来，有关统御、领导的书籍和研究报告数以万计，讨论的主题涉及组织领导、管理者行为、权力领导，可谓数量众多，内容广泛。这些重要的主题，都包含了许多不错的构想。事实上，就一句话：与其做一位实权在手的主管，不如做一位浑身散发无穷"魅力"的管理者。就是说领导者们需要更多的是令人佩服的魅力，而不是令人生畏的权力。

带人要带心。做一位管理者，除非我们具备了相当程度的魅力与影响力。否则，很难实现领导统御的第一个课题：赢得下属的信赖和忠心。因此，是否拥有这种魅力，是一个领导或主管能否成功的关键。

加强自身修养，做下属的表率

管理者应当以身作则，用自己优秀的一面影响下属，当好下属的表率。

有一个宰相的妻子非常重视儿子的前途，每天不辞劳苦地劝告儿子要努力读书，要有礼貌，要讲信用，要忠于国家等。而宰相却是早上离开家去上朝，晚上回来就知道看书。

爱儿心切的夫人终于忍不住说："你虽只顾你的公事和看书本，但也该好好地管教你的儿子啊！"宰相眼不离书地说：

"我时时刻刻都在教育儿子啊！"

这个故事说明宰相认为的教育，就是以身示范，通过自己的行为去影响儿子。对于一些企业领导来说，下属成员的努力工作，也必将对他的业绩造成影响，影响他的前途。所以，要为自己的前途着想，应时时注意以身示范。

孔子说："自己率先端正了，天下还有谁不敢端正?"傅玄说："领导立德的根本没有比'正心'更重要了。心正而后才能身正，身正而后才能让左右的人正，左右正而后才朝廷正，朝廷正而后才国家正，国家正而后才天下正。"

曹操当年在军中能享有较高的威望，大小将士都乐于为他卖命，对他唯命是从，很大程度上是因为他能从自己做起，以此使将士心服口服。

做管理者的就要从加强自身修养做起，大禹、成汤肯责备自己，所以国家兴旺，生机勃勃。这就是大端正，端正了自心，就端正了自身；端正了自身，就端正了别人。

一副对联是这样写的："博学为师，身正为范。"八字联透彻地讲述了教育的全部含义。

人们往往模仿领导的工作习惯和修养，不管其工作习惯和修养是好还是坏。很多企业，领导要求下属负责、努力工作，自己却上班迟到，哈欠连连，时间没有到就下班，甚至经常在办公时间处理私事。那么，他的部下大概也会如法炮制。

以权服人，不如以德服人

　　人格本身是一种有价值的力量，管理者应依靠其人格所产生的威望（地位和权力难以产生人格魅力）潜移默化地影响自己的员工。

　　汉代名将李广，不但是一位骁勇善战、百发百中的神箭手，而且还是一位体贴士卒、廉洁奉公的将军。他历任七次郡太守，前后四十余年，每次一得到朝廷的赏赐，立即分赏给其部下，同士卒一起吃喝。他家没有多余的财物，也始终不过问家产的事。他带兵打仗，每次长途跋涉、口干舌燥之时，遇到水源，总是先让士卒喝。如果全部士卒没有饮够，他绝不进水；如果士卒不全部吃饱，他绝不进食。再加上他平时对下属和蔼、宽厚、不苛求，所以士卒们都爱戴他，很乐意被他任用。

　　中国人重视"以德服人"，而不是"以权服人"、"以能服人"或"以力服人"，就是要求管理者要用自己的高尚宽厚的人格感化对方，使其心甘情愿地服从自己。这一管理思想是建立在管理者的道德感化基础之上的，管理者的道德越高尚，对于被管理者的感应性也就越大。

　　彼得·德鲁克主张："品格是发挥领导力的手段。"德行具有精神、意志和感情的一种性质，它们慢慢地灌输品格的力量和人格的稳定。

1994年6月，进入华为的金森林正赶上C&C08数字机问世，经过了紧张而有序的短期技术培训以后，他被分到总测车间。7月的一个晚上，由于用户板厚膜电路来料不良，测试进度非常缓慢。吃夜宵的时间过了很久，所有的测试人员都还沉浸在测试中，没有一个人去用餐。将近午夜12点，车间的门开了，一位五十来岁食堂大师傅模样的人领着几个食堂工作人员推着餐车进来了，他一边给盛饭，热情地招呼大家喝点鸡汤，一边要大家注意休息不要太熬夜。也许是吃了夜宵的缘故，后面的测试居然比较顺利，在不到一点钟的时候就全部测完了。

8月的一天快下班时，部门主管通知金森林晚上七点去参加新员工座谈会。会议主持人宣布座谈会开始，并兴奋地告诉大家，今天有幸请到了公司总裁参加新员工座谈会。在掌声中，金森林差异地发现那个他一直以为是食堂"大师傅"的人站了起来，对着与会人员深深地鞠了一躬，说："欢迎大家来到华为公司，我叫任正非，希望大家喜欢华为公司。"他边说边走到大家面前，从口袋里拿出一大叠名片，一次次将名片递过去，并与新员工们一一握手致意。

名片发毕，任正非开始给新员工讲话，精彩的发言赢得了阵阵掌声，其中一段话让金森林记忆尤为深刻："我希望大家在十年以后还保留我的名片，把华为当成自己的家，尽管目前大家的岗位不一样，但我希望你们踏踏实实地干好它，就如法国的焊接工人一样，一辈子做焊接，直到做成世界一流的焊接

专家，我期待着大家的成功。"

现在金森林仍然保留着那张名片，每当看到它，他的眼前便浮现出那段紧张而又令人难忘的日子。

权力不会自动点燃你的魅力，有权力并不意味着你有某种魅力可以掌握人心。一个员工愿意为他的老板或企业竭尽全力工作，很重要的原因就是因为他的老板所拥有的个人魅力像磁铁般吸引了他的心，激励他勇往直前。

有魅力的老板才有感召力，有感召力的老板往往有魅力。人格魅力远胜于权力。老板要想团结、凝聚所有的成员，就要"注重人格的感化力，以德才能服人，而不是借权威管人"。只有这样，员工们才会信任并敬仰他，企业内部也才会出现"桃李不言，下自成蹊"的局面。

一位心理学家说过："每个人都有一方魅力的沃土，等待你去开垦。"加强自身的道德修养，培养自己的领导魅力，以仁德征服人心，以正直换取信任，以诚实赢得尊重，以无私获取追随，是每个管理者提高内在道德素质，树立良好外在形象的必修课。

第15章

南风法则：人性化是管理的最高境界

　　南风法则也叫作温暖法则，它来源于法国作家拉·封丹写的一则寓言。北风和南风比威力，看谁能把行人身上的大衣脱掉。北风首先来一个冷风凛冽，结果行人为了抵御北风的侵袭，便把大衣裹得紧紧的。南风则徐徐吹动，顿时风和日丽，行人因为觉得春暖上身，始而解开纽扣，继而脱掉大衣，南风获得了胜利。

　　南风法则告诉我们：温暖胜于严寒。运用到管理实践中，南风法则要求管理者要尊重和关心下属，时刻以下属为本，多点人情味，从而使下属丢掉包袱，激发他们的工作积极性。

温暖胜于严寒，管理要有人情味

在使用南风法则上，日本企业的做法最引人关注。在日本，几乎所有的公司都很注重人情味和感情的投入，给予员工家庭般的情感抚慰。在《日本工业的秘密》一书中，作者总结日本企业高经济效益的原因时指出，日本的企业仿佛就是一个大家庭，是一个娱乐场所。这也正是日本企业所追求的境界。日本著名企业家岛川三部曾自豪地说，我经营管理的最大本领就是把工作家庭化和娱乐化。索尼公司董事长盛田昭夫也说："一个日本公司最主要的使命，是培养它同雇员之间的关系，在公司创造一种家庭式情感，即经理人员和所有雇员同甘苦、共命运的情感。"日本企业内部管理制度非常严格，但日本企业家深谙刚柔相济的道理。他们在严格执行管理制度的同时，又最大限度地尊重员工、善待员工、关心体贴员工的生活。如记住员工的生日，关心他们的婚丧嫁娶，促进他们成长和人格完善。这种抚慰不仅针对员工本人，有时还惠及员工的家属，使家属也感受到企业这个大家庭的温暖。此外，日本大企业普遍实行内部福利制，让员工享受尽可能多的福利和服务，使其感受到企业对家庭所给予的温情和照顾。在日本员工看来，企业不仅是靠劳动领取工资的场所，还是满足自己各种需要的温暖大家庭。企业和员工结成的不仅仅是利益共同体，还是情感共同体。正是通过这种方式，日本公司的员工都保持了对公司的高度忠诚。

在诸多的日本公司中，松下公司的做法极富典型性。

与其他日本公司一样，松下尊重职工，处处考虑职工利益，还给予职工工作的欢乐和精神上的安定感，与职工同甘共苦。1930年初，世界经济不景气，日本经济大混乱，绝大多数厂家都裁员，降低工资，减产自保，百姓失业严重，生活毫无保障。松下公司也受到了极大伤害，销售额锐减，商品积压如山，资金周转不灵。这时，有的管理人员提出要裁员，缩小业务规模。这时，因病在家休养的松下幸之助并没有这样做，而是毅然决定采取与其他厂家完全不同的做法：工人一个不减，生产实行半日制，工资按全天支付。与此同时，他要求全体员工利用闲暇时间去推销库存商品。松下公司的这一做法获得了全体员工的一致拥护，大家千方百计地推销商品，只用了不到3个月的时间就把积压商品推销一空，使松下公司顺利渡过了难关。在松下的经营史上，曾有几次危机，但松下幸之助在困难中依然坚守不忘民众的经营思想，使公司的凝聚力和抵御困难的能力大大增强，每次危机都在全体员工的奋力拼搏、共同努力下安全度过，松下幸之助也赢得了员工们的一致称颂。

松下以员工为企业之本的做法在获得了员工们大力欢迎的同时，也为松下公司培养起了一个无坚不摧的团队。"二战"结束以后的很长一段时间内，松下公司都十分困难。而在这种情况下，占领军出台了要惩罚为战争出过力的财阀的政令，松下幸之助也被列入了受打击的财阀名单。眼看松下就要被消灭了，这时，意想不到的局面出现了：松下电器公司的工会以及代理店联合组织起来，掀起了解除松下财阀指定的请愿活动，参加人数多达几万。在当时的日本，许多被指定为财阀的企业基本上都是被工会接管和占领了。工会起来维护企业的事还是头一遭。面对游行队伍，占领军当局不得不重新考虑对松下的处理。到第二年五月，占领当局解除了对松下财阀的指定，从而使松下摆脱了一场厄运。正是因为松下幸之助始终贯彻以人为本的企业经营理念，才保证了自己的绝处逢生。

在企业管理中多点人情味，少些铜臭味，有助于培养员工对企业的认同感和忠诚度。只有真正俘获了员工的心灵，员工才会为企业的发展死心塌地地工作。有了这些，企业在竞争中就能无往而不胜。

聚拢人心，激发下属工作积极性

得人心者得天下，企业家与员工的关系是鱼水的关系，企业家是离不开员工的，因此，一定要在企业内部搞好员工关系，增强企业的凝聚力。

正泰集团始创于1984年7月，主要生产经营高低压电器、输变电设备、仪器仪表、建筑电器、通信设备、汽车电器等产品。集团综合实力已连续五年名列全国民营企业500强前十位。正泰集团董事长南存辉认为："企业讲究以人为本，全员参保是企业凝聚人心的重要措施，是企业应尽的社会责任，关乎国运，惠及子孙，恩泽本人，有利于企业的发展。"于是，2001年年末，遵照国务院《社会保险费征缴暂行条例》《浙江省职工基本养老保险条例》等上级文件，作为民营企业的正泰集团，率先搞起了员工社会养老保险。这项工作被誉为正泰集团的"人心工程"。因为，在南存辉眼里，为员工做好社会保险工作，是一项吸引人、凝聚人、激励人、留住人的重要手段。

到2002年底，正泰集团总部所属各公司参保人数已达6000多人，正泰集团为此支出了上千万元的资金。

南存辉的估计是正确的，社保的推行，不仅体现了企业的关爱，稳定了员工的人心，激发了大家的热情，更重要的是，还推动了企业的发展。2002年，正泰经济效益同比增长39%，取得了可喜的成绩。

南存辉注重保障员工的利益，这是人人皆知的。在他的企业，如果员工的利益受到了侵犯，他会毫不犹豫地站在员工这边；如果员工遇到了困难，他会毫不犹豫地帮助员工解决困难，顺利渡过难关。

有一次，江西籍员工张献福的脖子上长了个硬包，医院诊断为甲状腺瘤。于是，张献福到江西医院做了切除手术。当时临近春节，公司生产紧张，人手不足，尽管张献福的身体还没

有完全康复，但是，他主动上岗值班。正泰集团精神文明委员会主任叶逢林知道了张献福的情况，及时给他送去了医疗补助费。

对此，张献福非常感动，他说："没想到，我这样一个普普通通打工者的病情，能得到集团领导亲人般的关爱，我为我是正泰员工感到无比幸福。"

华人首富李嘉诚曾说："虽然老板受到的压力较大，但是做老板所赚的钱，已经多过员工很多，所以我事事总不忘提醒自己，要多为员工考虑，让他们得到应得的利益。"这应该是每一位管理者都应该持有的对待员工的准则。

以柔克刚，心平气和与员工沟通

大树在狂风之中巍然挺立，丝毫不肯屈服，却在和风丽日中轻轻摇动枝头，仿佛在和微风握手。鲜花在暴雨中摇摆不停，却在阳光下欢快地起舞，仿佛在跟太阳微笑。我们不畏惧别人的强硬，却有抵抗不了的温柔。远方朋友的一句问候，温暖我们心房良久。这些都说明温暖远比严寒更有力量。

通常，在与别人发生矛盾、冲突时，如果各不相让，到最后只会弄得两败俱伤。我们何不学学南风呢？遇到问题，心平气和地坐下来好好谈谈。

很多人都在为纠正他人的错误而狠吹"北风"，但是，刺骨寒冷的"北风"只会激起对方的对立情绪和逆反心理。有些人与大家在一起的时候，很凶，很霸气，很要强，一次、两次可能因为你厉害，占了上风，但不久你就会发现，你已经失去了朋友。

一个成功的管理者是把你手下的兵全部带成与你一样强势、一样优秀的人，而不是以强势来把自己的兵变成任你使唤的奴才。

美国总统林肯，勇于负责，意志坚强，同时心胸宽广，很能包容他人的弱点和错误，经常使人感动。

有一次，有人告诉他，他的国防部长埃德温·斯坦顿曾骂他是个该死的傻瓜。林肯听了却轻描淡写地说："如果斯坦顿说我是个该死的傻瓜，那我很可能是的，因为他办事一向认真，他说的十之八九是正确的。"

斯坦顿得知后极为感动，马上到林肯面前表示了崇高的敬意。

一个领导，除了拥有别人所没有的权力，同时也承担着别人所没有的责任。既然有责任，决定要承担，就必须有以柔克刚的本领。

在企业管理中，这一招也是非常有用的。人的性格千奇百怪，这个世界上什么人都有，如果你是一个管理者，而你的团队里恰好就有一些不好管理的人，软硬不吃，你该怎么办呢？其实，以柔克刚就是一个很好的方法，运用得好，可以收到意想不到的效果。

恩威并重，讲原则也要讲感情

西洛斯·梅考克是美国国际农机商用公司的老板。他是一个坚持原则的人，如果有人违反了公司的制度，他一定毫不犹豫地按章处罚。但这并不意味着他不讲人情，相反，他非常体贴员工的疾苦，能够设身处地地为员工着想。

有一次，一位跟梅考克干了10年的老员工违反了公司的制度，酗酒闹事，迟到早退，还因此跟工头大吵了一场。在公司的规章制度中，这是最不能容忍的事情，不管是谁违反了这一条，都会被开除。当工厂的工头把这位老员工闹事的材料报上来后，梅考克迟疑了一下，但仍提笔写下了"立即开除"四个字。

梅考克毕竟与这位老员工有过患难之交，他本想下班后到这位老员工家去了解一下情况。不料这位老员工接到公司开除的决定后，立刻火冒三丈。他找到梅考克，气呼呼地说："当年公司债务累累时，我与你患难与共。3个月不拿工资也毫无怨言，而今犯这点错误就把我开除，真是一点情分也不讲。"

听完老员工的叙说，梅考克平静地说："你是老员工了，公司的制度你不是不知道，应该带头遵守……再说，这不是你我两个人的私事，我只能按规矩办事，不能有一点例外。"

梅考克又仔细地询问了老员工闹事的原因。通过交谈了解到，这位老员工的妻子最近去世了，留下两个孩子，一个孩子跌断了一条腿，住进了医院；还有一个孩子因吃不到妈妈的奶水而饿得直哭。老员工是在极度的痛苦中借酒浇愁，结果误了上班。

了解到事情的真相，梅考克为之震惊，他接着安慰老员工说："现在你什么都不用想，快点回家去，料理你夫人的后事和照顾好孩子。你不是把我当成你的朋友吗？所以你放心，我不会让你走上绝路的。"说着，从包里掏出一沓钞票塞到老员工手里。

老员工被老板的慷慨解囊感动得流下了热泪。梅考克嘱咐老员工："回去安心照顾家吧，不必担心自己的工作。"

听了老板的话，老员工转悲为喜说："你是想撤销开除我的命令吗？"

"你希望我这样做吗？"梅考克亲切地问。

"不，我不希望你为我破坏公司的规矩。"

"对，这才是我的好朋友，你放心地回去吧，我会做适当安排的。"

梅考克在继续执行将他开除的命令，以维持公司纪律的同时，将这位工人安排到自己的一家牧场当了管家。梅考克这样做，不仅解决了这个工人的忧难，使他的生活有了保障，更重要的是他这样做，赢得了公司其他员工的心。大家认为梅考克这样一个关心员工的人，是值得他们为之拼命的。从此，员工

们同梅考克一道，为国际农机商用公司的强盛同舟共济，创造了公司一个又一个的辉煌成就。

老板要使员工心悦诚服，一定要做到恩威并重、严爱结合。

日本桑得利公司董事长乌井信治郎实施的便是"恩威并重"的管理原则。一方面，他对企业员工要求十分严格，亲自巡视工厂，一旦发现纸屑、灰尘等，就大声喝令清除干净；看见懒惰员工，毫不客气地责骂对方，令其无地自容；发现工作上的缺点，毫不留情地破口大骂，直到他满意为止。因此员工见到他巡视，就会发出"敌机来袭"的警告。另一方面，乌井对待员工犹如慈父，呵护备至。公司赚钱时，他不仅给员工发奖金，还送员工的父母、太太和孩子礼物；发现员工房间有臭虫时，就亲自去捉臭虫；公司参谋作田先生的父亲不幸去世，乌井率领全体员工到殡仪馆帮忙，丧礼结束后还用计程车亲自送作田和他的母亲回家。作田感动地说："从即日起，我就下决心，为了老板，即使是牺牲性命也在所不惜。"

通过这种"恩威并重、刚柔相济"的方式，不仅能够让管理的严肃性得到保证，而且还能打造出既守纪律又对企业忠诚的队伍。

爱你的员工，他会百倍地爱企业

《孙子兵法》中说："视卒如婴儿，故可与之赴深溪；视卒如爱子，故可与之俱死。"孙子认为只有对士卒施以仁德，才能"惠抚恻隐，得人心也"。如果对士卒缺少爱心，不能与三军将士同甘共苦，就不能附众抚士，难以做到"上下同欲者胜"。

魏将吴起以爱惜士卒，与士卒共患难而闻名。在征讨秦国的途中，他与士卒同吃同住，以天为被，不吃"小灶"，还背着粮袋，徒步行走，深受士卒爱戴。有一名士兵背上长毒疮，吴起竟用嘴为他吸出毒汁。正因为吴起能够"视卒如婴儿""视卒如爱子"，所以士卒愿意为之拼死作战，连战连捷，所向无敌。

关爱是一种非常有效的管理手段。管理界有句真言："你若不懂爱，就不懂管理。"任何优秀的组织和企业团队都是通过爱人、通过情感的纽带而变得牢不可破的。美国跨国计算机公司首席执行官兼总裁温白克说："一定要爱护你的员工，把你的心拿出来给他们看，要心心相印。作为管理者你不能命令他们，你一定要让他们感到愿意为你做事。"

"拳头"不是万能的。凭借制度约束、纪律监督、奖惩规则等手段对企业员工进行管理，并不能真正实现有效管理。少用"拳头"，多用爱心，一定会赢得员工的忠心。法国企业界有一句名言："爱你的员工吧，他会百倍地爱你的企业。"这一管理学的新概念，已经越来越深入人心。

美国的凯姆朗公司是一家很小的服务性公司，它的业务只不过是为住宅的草坪施肥、喷药而已，但它的经营思想、管理方针却十分独特，吸引了大批学者去研究它。很多人对它的经营思想和管理方法推崇备至，称它是唯一真正以"爱的精神"经营企业的公司。所谓"爱的精神"，即对顾客服务要尽心尽力，对自己的员工要倍加关照。在一般的企业里，管理者往往只注意其中的某一方面，而忽略了另一方面。但在凯姆朗公司，这两方面都得到了完美的贯彻实施。正是这种"不合常规"，强调"爱的精神"的经营思想和方式，使公司的发展取得了意想不到的效果。凯姆朗公司开业时只有5名职工、2辆汽车，20年后，竟拥有5000名职工，营业额高达3亿美元。

凯姆朗公司的发展归功于公司的创始人杜克，正是他创造了"不合常规"，以"爱的精神"经营企业的方法，并把它一直坚持下来，使公司取得了突破性进展。

杜克的父亲传给公司的信条是："我们的人第一，顾客第二，只要坚持这样做，一切都会顺利。"杜克对这一信条非常赞同，在他的工作中始终支持它。他不仅要求员工对用户要尽心尽力地提供服务，而且他还时常和员工们在一起，和他们谈心，解决他们的困难，有时也让员工们参与管理和决策。他尽力营造一个环境，使员工对杜克非常尊敬，他们把公司作为自己的"家"，全心全意地为公司、为顾客服务。在凯姆朗公司，喷药、施肥的员工被称为"草坪养护专家"，受到企业管理层的尊重。

管理意味着爱。关爱员工，员工才会关心你。"你敬我一尺，我敬你一丈。"反之亦然。"爱的精神"就是关心下属，关心顾客，让你的热心与爱心去感化你的员工，员工就会对你刮目相看，把你推上成功之路。杜克深深体会到这种"爱"的力量，所得到的回报是巨大的成功。

第16章

托利得定理：广开言路，集合众智无往不利

　　法国社会心理学家托利得指出：测验一个人的智力是否属于上乘，只看脑子里能否同时容纳两种相反的思想而无碍于其处世行事。两种正反思想共存，说明你能够听进不同意见，能把反对意见加以分析，从而对决策起到积极的影响。这便是管理学中的托利得定理。

　　托利得定理启示我们：思可相反，得须相成。管理者要多方听取下面的意见，征求各方建议，以此来提高自己的决策和管理水平。

兼听则明偏信则暗，多听取民意

唐朝时，唐太宗问宰相魏征："我作为一国之君，怎样才能明辨是非，不受蒙蔽呢？"魏征回答说："作为国君，只听一面之词就会糊里糊涂，常常会做出错误的判断。只有广泛听取意见，采纳正确的主张，你才能不受欺骗，下边的情况你也就了解得一清二楚了。"成语"兼听则明，偏信则暗"就是从魏征劝太宗的话演变而来。

兼听则明，偏信则暗。只有听取多方面的意见，才能明辨是非；如果只听信单方面的话，就会分不清是非。

人在社会中，不可避免地要与他人发生关系。生活于人群之中，自己的一言一行都被身边的人瞧在眼中、记在心里。天下没有不透风的墙，所以生活于群众中，群众对人和事物的了解是最彻底的。那么一个领导者到群众中去走走，多听一听他们的声音，这是最简便易行的办法。

这里要注意的是对待人言要"兼听则明"，不要只听到几个人的意见就以为是"民意"。这其实只是少数人的观点，往往少数人的观点打着"民意"的旗号到处招摇撞骗，实质是强奸民意。民意是大多数人的观点，是从群众中的极多数的观点中总结出来的一个观点，他们是相似或是相同的意思。故领导者应尽量多地听取群众的意见并且在此基础上认真地分析，找到真正的东西。

明朝初年，朱元璋以重典治国。由于法制不健全，不少官吏被错捕入狱，但经其所治人民为之申辩和请求，朱元璋也因此而赦免，有的因知其贤能惠政而得以擢升。一次，永州知县余亭城等人因事被捕，其所治人民上京申辩，列举他们的善政，朱元璋立即予以纠正，赐袭衣宝钞放回。他们复任后，努力工作，政绩更著。

从这件事我们可知，官吏的好坏，其治下的群众是最清楚的，领导如能经常倾听群众的意见，那么就能鉴别下属的好坏了。官场如此，企事业单位亦如此。领导者有必要去群众中走走，看看他们对自己的工作、对自己的下属有什么意见。

现在盛行的民意测试是考察个人和管理情况的一个好办法，领导者不妨借助这种方式多方听取下面的意见，征求各方建议，以此来提高自己的决策和管理水平。

作风民主，接纳各方不同意见

有这样一个故事。

某管理者带领下属一行十人，乘坐一艘小船，到某海岛游玩。归途中，管理者提出暂不回航，到另一小岛上去玩儿。其中有一人提出："那岛周围暗礁多，流急浪大，很危险，还是不去的好。"管理者听后很不满意，厉声说道："不要说不吉利的话，扫大家的兴！风平浪静有什么危险？同意去的站到左边，不同意的站到右边。"很多人察言观色，一个个都向左边走去。当右边只剩下一个人时，小船由于重心偏移，翻了过来。

这则故事说明了什么呢？说明都站在一边并不是好事。领导独断专行，讲真话者受到排挤、孤立，谁还愿意讲真话呢？管理者要听到真话，就必须以开放的心态容纳别人的想法，有民主的作风，让群众想说、敢说，真正做到言者无罪，闻者足戒，畅所欲言，各抒己见。

另外，管理者应该认识到，敢提意见的人并非对自己有成见。多数敢提意见的人，是有事业心、进取心、责任感强、思想敏锐、关心工作的人。老子说"真言不美，美言不信"。真话未必中听，中听话未必真实。一些意见可能偏激、不全面、不正确，甚至个别人可能意气用事，发泄不满，管理者要有气度、有雅量，辩证地看待，不能因与自己意见不合而抱成见。要有实事求是的精神和宽广的胸怀和度量，听到一些过激的语言时不要气恼，要宽容、忍让，耐心地让对方把话说完，然后再心平气和、实事求是地说明情况，分清是非，这样才不至于堵塞言路，才表明自己提倡、赞赏、鼓励、支持说真话的态度。

当然，在听取不同意见或反对意见时也要分清真伪，搞清凿凿之言、肺腑之言和毫无根据的谎言；要分清好坏，搞清金玉良言、别有用心的谗言；要分清虚实，搞清不含水分的实在话、毫无意义的空话和言过其实的大话。只要管理者放下架子，多一点人情味，以诚相待，平易近人，和下属交朋友，就能以自己的真情换来下属的真心。

要有从善如流、勇于纳谏的胸怀

历史上三国时期的袁绍就是因为不能容忍反对意见，最终以百万之师败给曹操七万大军。袁绍兵多谋众粮足，宜守；曹操兵强将勇粮少，宜速战速决。袁绍起兵应战，田丰极力反对，被关入囚牢。袁绍果败，大伤元气，因大悔"吾不听田丰之言，兵败将亡；今回去，有何脸面见他呢！"逢纪乘机进谗言，袁绍恼羞成怒决意杀田丰。

田丰在狱中，狱吏贺喜说："袁将军大败而回，您一定又会被重用啊！"田丰怅然说："我死定了。袁将军外宽内忌，不念忠诚。若胜而喜，犹能赦我；今战败则羞，我没希望活了。"果然使者奉命来杀田丰，最终田丰伏剑而死。

曹操面对不同意见时，采取的却是与袁绍截然相反的两种态度。曹操在初定河北后，又与众人商议西击乌桓，曹洪等人极力反对。曹操听从郭嘉之言，费尽艰难破了乌桓。回到易州，重赏先曾谏者。诚心对众将说："我前者凌危远征，侥幸

成功。虽得胜，上天保佑，不可以为法。诸君之谏，乃万安之策，是以相赏。以后不要怕提意见！"

田丰的反对意见是对的，袁绍却把他杀了。像这样的糊涂虫，谁还会再提反对意见呢？怎么会逃脱惨遭失败、受人耻笑的结局呢？袁绍四世三公，根基深厚，曹操也深为叹惜："河北义士，何其如此之多哉！唯袁氏不能用尔，若袁氏善用之，我何敢小觑此地？"

曹操从善如流，不闭目塞听，即使反对意见错了仍然大加奖赏，鼓励大家多讲。因为反对者总有反对的理由，其中必有可取之处。如果侥幸成功，就轻视取笑甚至惩罚提反对意见者，那只会让众人变得唯唯诺诺而已。

管理者拥有权力、地位，容易被阿谀奉承、阳奉阴违所蒙蔽而听不到真话。现实生活中，为了赢得领导的欢心和偏爱，下属大多讨好甚至糊弄管理者，说假话蒙骗上级的现象屡见不鲜。因此，一个优秀的管理者必须要有听真话的诚意、胸襟和行动。

鼓励员工建言献策，视员工意见为财富

柯达公司曾发生过这样一件事：一名普通工人写了一封建议书给董事长乔治·伊士曼，内容简单得令人吃惊，只是呼吁

生产部门"将玻璃擦干净"。事虽不足为道，伊士曼却认为这是员工积极性的表现，立即公开表彰，发给奖金，并由此建立了柯达建议制度。

柯达公司对职工提出的每条建议都进行认真审查，一般经过以下过程：职工提出建议后，由各车间委员根据建议的独创性、思索程度、适应性和效果等内容进行评定和选拔，分为特别、优秀、优良、A、B、C和建议等7个级别；凡属最后两级建议的提出者，由车间委员会予以表扬；B级以上提交厂小组委员会，在那里再次进行评定和选拔，并对B级和A级的建议提出者给予表扬；特别、优秀、优良三级建议提交厂改进工作委员会审查后进行表扬；特别级建议要征询公司表彰审查委员会的意见。

迄今，该公司职工已提出建议200多万项，被公司采纳了约有60余万项。该公司职工因提出建议而得到的奖金每年总计都在150万美元以上，而柯达公司从中受益的又何止千万美元呢。

企业最大的财富是人的聪明才智。企业领导人应该鼓励每一个员工积极地提出改进工作的建议，必须使他们知道，他们的建议将会得到认真研究，并且也真正这样做。如果能像柯达公司那样，在企业中建立起良好的建议制度，凡所提建议能给企业带来效益的，给予重奖。这样必然会促进企业全体职工同心协力，使职工对自己的工作发生兴趣，对自己的工作考虑得更多并总是设法去改进自己的工作，这是领导者激发人们聪明才智的有效手段。

广开各方言路，与员工达成共识

IBM的创始人沃特森被誉为"企业管理天才"。他相信：只要尊重员工并帮助他们自己尊重自己，公司就会赚大钱。

沃特森善于发掘员工的潜力，善于调动员工的创造精神与献身精神，想方设法去刺激员工为公司出谋划策。为了保护员工的工作热情，增强员工对公司的亲近感与信任感，他广开言路，广泛倾听各种意见。

IBM规定：公司内任何人在感到自己受压制、打击或冤屈时都可以上告。他亲自接见告状人，对有理者给予支持。他鼓励员工们在工作中不怕失误和风险，为了公司敢于承担似乎不可能完成的任务。他本人一天工作16个小时，几乎每晚都在这个或那个雇员俱乐部中出席各种集会和庆祝仪式。他作为员工相识已久的挚友，同员工们谈得津津有味。

对于一个优秀的领导来说，有了目标之后，就要与员工分享并逐步达成共识。

柯达公司进入影印机市场后，把重心放在复杂技术与高级设备上，成本居高不下，几乎没有利润，而且库存问题非常严重。1984年，查克临危受命，担任影印产品事业部总经理。查克希望加强与员工的沟通，为此，他每周和直属部下开会；每月举行"影印产品论坛"，和每个部门的代表员工直接沟通；每周与重要干部及最大的供应商开会，谈论重大的变迁及供应商关心的事情；每个月员工都会收到4~8页的"影印产品通讯"，并向员工提供直接与高层管理人沟通的机会。

短短6个月以后，公司终于与1500个员工达成共识。公司状况开始出现转机，库存量减少50%，部门生产率平均提高31倍。

事实证明，只有走近员工，才能了解员工，只有和员工达成共识，才能和员工同心协力地成就一番事业。